U0016503

坐捷運都能成交！

沒學歷、沒背景、沒人脈的業績女王

陳秀苗 著

【推薦序】

「麻雀變鳳凰」是努力而來的

蔡漢章

當我推薦陳秀苗行銷總監參加二〇一一年《商業周刊》舉辦的「王者大獎」大賽時，心中即篤定她將贏得保險行銷領域的金獎頭銜，除了有亮麗的業務數字驗證外，重點是在她極具戲劇張力堅毅的成長過程。

真實版的麻雀變鳳凰成功特質在秀苗身上處處可見。不管在求學上、事業上所展現的堅忍、向上的生命力，讓處在類似環境的你我受到莫大的鼓舞，秀苗可以，我們也可以。尤其看到秀苗在態度、觀念上，透過實例於書中分享了很多的銷售技巧，在在都是從「熟能生巧」且不斷地練習嘗試中所得到的智慧成果。

感佩秀苗願意把她真實生活成長的故事分享給所有讀者，讓她的熱情，溫暖感動每一顆等待點燃的心靈種子。

（本文作者爲國泰人壽副總經理）

【推薦序】

自信與堅持

吳惠斌

初識秀苗是數年前我到展北投頒創新紀錄獎，典禮中代表績優分享的就是秀苗，她把初入行之做法，就如書中所寫，在捷運上尋找客源，又如何成功的做了數年，很輕鬆自然、如數家珍的報告；當下我倍覺驚喜，就告知會推薦CSN採訪她，將其成功經驗報導給全國泰人知悉。我以為能用這種方式創造客源者，絕對是行銷高手，因為：

一、要心理素質好、工作意識強：才能突破自我侷限，不懼怕被拒絕。

二、學習能力要超強：因為就是不知天高地厚，才會用這方法尋客，要成功一定要屢敗屢戰，才能從中學到成功話題、行銷模式。

三、要有過人智慧：才會懂得察言觀色，在眾多人群中找出合適對象、創造出績效。

四、個性要很熱情：要做好壽險這份工作，必須非常熱情洋溢，才能感染別人，讓人接受她。

五、心存感恩的心：對素昧平生又願給她機會的人心懷感恩，並能用更誠懇、更認真的態度與服務來回報，也創造了衍生開展業務之機會。

秀苗的成功經驗正可以給新進者、缺乏從業信心者、想做終身事業者一個很好、很成功的見證實例。

秀苗常說我促動了她TOP-SALES的自信，從此她就年年成功地入選國泰高峰會首席團、副會長、甚至獲選為超級業務員（王者之尊）。也許我有點促動其成長的功勞，但一個從最不可能做壽險行業者，短短十年就能做到全國級超級業務員，這絕不是一個促動能達到的。我觀察多年，凡是優秀的人，都有十足的自我肯定、自我追求、自我管理、自我挑戰的超能力！其實就算不是我促動她，只要她遇到能讓她感受到「是對的、有意義的、有成就感的、非做不可的事」時，她追求優秀的意識就會綻開心懷，全力以赴、全心投入，並堅強的不達成功絕不罷休呢！

這個「強強要做好的心」是壽險業優秀者獨有之特性，她沒有一點僥倖，百分之百需要自信與堅持，擁有多少「強強要做好的心」，在壽險業成就就會有多大，就像秀苗一樣喔！

很多人以為做好壽險業很難，有人脈不廣、能力不足等問題。其實，我常提出這樣的問題「你問過路嗎？」「問過！」「問誰啊？」「問陌生人啊！」「為何你敢問陌生人？」「……因為我需要啊！」這就對了！依我多年的經驗與觀察，沒有什麼「陌生拜訪」「直衝招攬」的區別，其實陌生、直衝只是表象，實際上拜訪者內心若找不到那股拜訪（或接近）之需要性，就是硬著頭皮去拜訪，通常失敗、受傷者多，就是緣故拜訪也是一樣！所以只要事前整理出一套「拜訪的理由」，那陌生感就會像「問路」般消失無蹤！也不需要硬著頭皮直衝了！秀苗的成功經歷正可見證！壽險行銷是有一定的行銷步驟的、有程序的，所謂「行銷ＳＯＰ」，每個人只要把自己的想法與作法融入行銷ＳＯＰ中，那就可像秀苗一樣「人人是工作的對象、處處是工作的地方、時時是工作的時間」，至於是否會成為超級業務員，那就要看你願用心投入多少啦！

這本書可說是秀苗的成功奮鬥史，其可貴處在她出身卑微，在最不可能的狀態下，不屈不撓、卻能自力更生，以無比的自信與堅持，造就在家庭、個人、事業上都很成功的典範。也許有人會誤解，以為出身差者較易成功，這是不正確的說法，應該是出身差者，知道自己能得到的機會比出身好者少很多很多，所以更要懂得珍惜、保握機會，而所有成功者都是很善於把握機會、付出努力、全力以赴，乃得以造就成功的。由秀苗的成功經歷中，更告訴我們凡是出身條件比她好的，只要努力，應該更有成功機會的吧！

沒有人天生適合做壽險業的，我當初入行也不被看好，卻已入行三十五年了，壽險業是很生活化、個人化的金融行業，只有認真投入、做到勝任愉快，做出個人風格，才是永恆的追求！

衷心為秀苗的作為喝采！

祝願妳的成功見證，讓更多人因妳成長、成功、成就，功德無量！

（本文作者爲國泰人壽副總．上海國泰人壽總經理）

【推薦序】

把緊閉的心窗打開，就會看見一片海闊天空

李秀眞

上帝幫你關了一扇門，一定會幫你再開一扇窗，正面積極迎接挑戰的人，自然找得到那扇開了的窗！

十年前在家做代工的家庭主婦面臨工廠外移無工可做的窘境，毅然毛遂自薦投入壽險行銷的行列。「沒有客源」是她理所當然的困難，但是她卻以超人的耐力克服障礙！

有三年的時間，她從早到晚穿梭在捷運車廂裡，勇敢的面對一個又一個陌生的人……「您好！我是服務於國泰人壽的陳秀苗，請問您……」有溫暖有冷漠，有拒絕有白眼，但她勇於開口打開人與人之間的藩籬，從陌生到接觸，從接觸變客戶，從客戶變朋友……就這樣，站穩了腳步，並且在歷經十年奮鬥之後，平凡

的秀苗更為自己創造了奇蹟，從一開始被拒絕入行不被看好到脫穎而出，榮登兩萬多名業務員中高峰會副會長的寶座及商周王者大獎等等不平凡的成績，秀苗以堅強的毅力與勤奮的努力贏得所有人讚歎！

努力是面對生命的一種態度！自己想要的心就能產生源源不絕的力量，只要不放棄就找得到機會，這些話在秀苗身上得到最佳的印證！

由蛹化蝶的秀苗是壽險從業人員的典範，從一個為生活忙碌的業務員成為為理想奮鬥的MDRT總監，秀苗以熱愛生命，樂在工作的精神為自己寫下一篇篇精彩的人生樂章。然而更難能可貴的是默默行善的愛心，親愛的秀苗做到了名譽董事長蔡萬霖先生的訓勉：「珍惜相逢國泰的際遇，經營一個有意義的國泰人生！」

秀苗，我為妳，按無數個讚！

（本文作者爲國泰人壽協理）

【推薦序】

有了熱忱，就找到了舞台

朱孝華

國泰人壽行銷總監的陳秀苗，沒有顯赫的家世背景，也沒有高學歷的光環，三十九歲之前，她是一位非常道地的家庭主婦，顧店、帶小孩、做手工。三十九歲的她內心常吶喊著：「難道成功的方程式，就是要有高學歷才會有高成就嗎？」堅定相信人生有無限的可能，但關鍵在於自己如何去創造與激勵。

那一年她轉換已做了十七年的家庭主婦，決心想改變自己一成不變的生活。從未做過業務工作、更被視為「不是做保險的咖小」。自學苦讀考證照，毛遂自薦到國泰人壽上班。踏入壽險業，沒有任何的人脈關係，一枝草一點露、一步一腳印的陌生拜訪、服務客戶、關心客戶，目前已擁有一千一百多個客戶。

她、常常自己提醒自己，只要「我想要才是最重要」，相信自己做得到的意志，通常可以激發人無限的潛力。二〇一一年是秀苗總監入行的第十個年頭，她設定自己要為自己寫歷史。果真，她締造全公司展業組上半年度高峰會及全年度金馬獎雙料冠軍！同年、更代表公司參加《商業周刊》年度王者大獎，所有評審都被她的「精彩人生」及「捨我其誰」的精神感動，秀苗也因此榮獲王者金獎大獎的至高榮譽。這證明了她，選擇是困難的、堅持是痛苦的，但成功是喜悅的。

從事壽險工作十一年來，她常抱持著「我看青山多嫵媚」的樂觀態度，以客為友、以客為親、以客為己，至於挫折與低潮這檔事，都全交給看書充電、關懷弱勢及做社會公益去宣洩，善用品牌、專業、誠心及熱情，為她贏得許多客戶的口碑，從客戶的角度思考問題，往往都會贏得信賴，客戶也就自然會口碑行銷。

壽險事業就是她終身的事業，面對變化快速的環境，不斷的充實自我及走入客群，是秀苗總監提升的動力，近年來，她本人除了汲取多元的財經知識外，亦參加無數的專業講座及自我成功經驗談，這就是她常認為「我無法幫助客戶在本業賺錢，但至少要為客戶的風險和財務來守護」的信念。

時間是最少且最寶貴的資源，她個人期望藉著這本書能助益有夢想、想實現人生價值的朋友們一些鼓勵，她毫不保留的將自己成功的經驗分享與傳承，更期待她的成就，能給壽險從業人員，一點點的正面啟示。

（本文作者爲國泰人壽展業北一區部長）

【自序】

一個決定改變了我的一生

我是一個平凡的女人，一個決定改變了我的一生，感恩國泰人壽給了我舞台。

從0到1真的吃盡苦頭，回想十年來所有過程，就像是一齣齣我的人生八點檔，我很慶幸當時能夠把握當下堅持自己想要的，因為社會瞬息萬變，很多機會在看到的那一剎那，就要下定決心全力以赴做到最好，錯過就沒機會了。像是現今如想要在捷運上行銷，幾乎是不可能了，因為班班客滿，不論何時都擁擠不堪，已經不太適合，商機不大了。

陌生開發與緣故開發，其實只差了一道手續而已，就是第一次見面，跟我本來就認識或不認識的差別而已，之後的行銷流程都是一樣的。陌生開發有一定的困難度，充滿挑戰性，我個人很喜歡，不過並不是每個做業務的都需要陌生開發，但是對於資源比較不足的人，是一項不錯的選擇。

對於一個沒有任何資源的三無女人，僅秉持著一顆堅持不放棄的心，卻能受到眾多客戶的支持，我真的好感恩，比我好、有能力的人太多了，相信我能，各位更可以。秀苗真心希望想告訴二度就業的婦女朋友們，相信自己，妳一定可以的，低學歷不是我們的錯，更不要放棄自己的能力，勇敢的進入社會接受挑戰，找出自己的優點，因為能力＋努力＝實力。

也感謝國泰長官給秀苗的鼓勵與支持，我將會更加努力讓自己做的更好，保持初衷，服務更多的人。

C O N T E N T S

C O N T E N T S

C O N T E N T S

C O N T E N T S

第一章

坐捷運，名片發出一片天

三度被拒：「妳不是做保險的咖小！」

現在回想起來，踏入保險業是我當初完全始料未及的發展。剛開始不過動念而已，就被狠狠地潑了冷水——而且不是一盆冷水，是接連著被潑了三盆的冷水！一般人若是遇到這種情況，可能就會摸摸鼻子縮回去、打消念頭，但是我沒有。我告訴自己，危機就是轉機；我很清楚知道自己要的是什麼，沒有試過，我絕不會輕言放棄。

當初孩子陸續出生、老公開的水電行生意也逐漸上了軌道，我的日子就在帶孩子、看店、做手工中度過，就這樣過了幾年穩定的生活。突然有一天，蜜餞工廠的老闆娘來到我家，跟我說：「秀苗，我這兒的工廠要搬家了！」當我赫然面臨蜜錢工廠要搬家、每個月就要硬生生失去兩萬多元的穩定收入時，才不得不另覓出路；雖然家庭開銷還可以靠老公的工作收入，但是如果斷了這筆做家庭代工的收入，就沒有錢繳保費了。不過，一開始時，我其實並沒有想到要從事保險工作。

記得自己撕了一張月曆紙，在背面的空白處開始寫下自己會做些什麼、想要做什麼；結果發現所有報章雜誌上徵人的工作，除了看護工、保姆、洗碗工、端盤子之類的工作，因為沒有足夠的學歷，都沒辦法去應徵。而那些能夠勝任的勞力工作，對於已經當了十七年家庭主婦的我，一點吸引力也沒有。

我前思後想、苦無對策，就像熱鍋上的螞蟻；就在這時，剛好我的保險業務員來收保費，於是突然靈光一閃，就問她說：「我跟妳一起去工作好不好？去妳們保險公司上班好不好？」這時才真的動念想去保險公司上班。

那時候，一個月要繳大概兩萬兩千元的保費，業務員每個禮拜會來家裡收錢，就會在家中吃飯。我心想，她怎麼那麼好，每天來晃一晃，穿得漂漂亮亮的，又常常可以出國。我還常常幫她介紹左鄰右舍，從來不知道可以退佣，也從來沒有要求過；她出國回來只要帶一支口紅當禮物，我就好高興，不斷地幫忙介紹新客戶。可能也是因為如此，當我提出想一起做保險時，她或許認為這樣一來，我以後就不會再幫忙介紹客戶。總之，她當下把我從頭看到尾，只說了一句話：「妳不是做保險的咖小！」

生命的挫折，不是盡頭，是該轉彎了，是淬鍊成功的必要經歷！

前無路、退無步，硬是考上業務員執照

每個人都有遇到瓶頸無法突破的時候，我自然也不例外。**當你前面無路可走、後面也沒有退路時，該怎麼辦？其實，這正是你重新思考自己的選擇是否正確的最佳時機。**當你將它徹徹底底的想清楚，你為什麼一定要走這條路？你非做不可的動機是什麼？你有多麼想要去完成這件事？想完之後，如果你還是對自己說：「我一定要！」那麼你就有了去突破瓶頸的原動力。

當初我是因為面臨蜜餞工廠關門、失去了家庭代工的工作，才想到去試試看、走保險業務員這條路。然而第一次興沖沖的告訴我的保險業務員，想跟她去學做保險時，她竟斷然拒絕我！當時我愣住了，沒想到自己那麼不如人！

但是後來反覆思量，我覺得除了做保險之外，已沒有其他的路可以走；因為做保險的時間比較彈性，是最適合我的一份工作，老三才要上國小一年級，需要人接送上下學，老公的店也還需要看著。做保險的話，才可以同時照顧到孩子。於是，我又不死心的跟我的保險業務員提了兩次想跟她學做保險。

結果，她連續拒絕了我三次。

她說我不是做保險的咖小，我很不服氣，心想，你都可以做，為什麼我不行？我一定要去試試看！看到保險收費單上有支電話號碼，我心想，她不幫我忙，我自己打電話去應徵好了。接我電話的一位主任，於是帶了一本厚厚的書來給我；他一看到我，心裡大概也覺得我這個歐巴桑不合適，所以他說：「你如果能讀完這本書，打電話給我，我再幫你報名去考保險執照。」我當下馬上回他說：「不用！你回去就幫我報名，我一定讀得完！」他看我那麼堅決，就說：「好吧！那你兩個禮拜以後去考試。」

這是一本厚厚的保險條款，並不是考古題。從來沒有接觸過保險業務、也沒有上過相關課程的我，不知道自己哪裡來的一股決心毅力，非常認真的捧著那本書，開始一字不漏的從第一個字讀到最後一個字，一有空就猛K硬背，不知道一共讀了多少遍，直到滾瓜爛熟。我只知道自己非常想要做保險，所以考上一張保險執照就像是我的救生浮板、唯一的出路；如果考不上，什麼工作都沒得做。

兩個禮拜之後，拿著准考證就去考試，沒想到考了八十八分，一次就考上了！我好興奮的以為從此可以去保險公司上班、可以賣保險了，就跑去市場跟三個我平常熟識的攤販報告這個好消息：「我考上保險執照，開始要去保險公司上班了！」其中有個老闆問我，有什麼商品適合他們的小孩？於是我趕快打電話請我的主任過來說明，一次就成功地寫了他們小孩的保單，年繳保費五萬多，三個孩子一共十五萬多的保費。

我高興極了！想說保險怎麼會這麼好做，一開口就有業績上門！殊不知，考上執照之後，還得在保險公會登入成功，大約要過兩週之後，才可以真正開始賣保險。所以，我的第一筆業績佣金，就這麼飛了！

瓶頸突破法

做事若遇到瓶頸，當然要想辦法突破。我當時失業又被拒絕說不是做保險的料時，仍可以克服一切困難勇往直前、終於考上保險執照。一來是評估當時的狀況，覺得做保險是自己唯一的出路，沒有其他退路，也沒有別的選擇；二來也是因為我自己很想從事保險工作，這一股**「想去做」的意念，就是一股原動力，逼著我一定要去想出執行它、實現它的方法**。

這股原動力，可說來自公公生病的深刻體驗。當年公公生病時沒有健保、沒有任何保險，龐大的醫藥費幾乎拖垮了一家人，到處籌錢也讓我嘗盡了人情冷暖。教我做保險的師父曾經告訴我：「人生不怕苦來磨，就怕無法脫病苦。」一生病可以拖累一家人，因為你無法預期要花上多少錢來治病。正因如此，我一直認為保險不只可以幫助個人，還可以幫助到整個家庭；當然不會因為你買了保險，風險就不會發生，但是當不幸發生時，只有保險才能照顧一家人。

這段刻骨銘心的經歷，讓我不願意看到自己的遭遇和痛苦，再度發生在別人身上。我告訴自己，一定要跟朋友、遇到的有緣人分享，告訴他們保險的好處，這是做好事、做正確的事，我的原動力就是源自於這個信念。

所以建議大家，遇到瓶頸無法突破時，就應該去仔細地思考，為什麼自己一定要去做這件事？為什麼非做不可？要去找出它的原動力是什麼、在哪裡。如果是你發自內心的渴望、發自內心想要的，就有原動力，就能堅持到底，以自己的信念去突破瓶頸、繼續走下去！

路選對了就不怕遙遠，成功來自我要，目標取自決心。

沒有服務區域？捷運就是我的區域！

從事保險業的這一路走來，遇到很多願意給我機會、願意幫助我的貴人，但是更多時候，遇到的是不給我機會的人。會以外表取人、以學歷取人者，所在多有，他們不給我機會，是因為他們看不到我的價值；所以在這時候，如果也默默地接受了別人的價值觀，就只好忍氣吞聲的過一輩子。所以，當別人看不到你的價值時，你要把自己的價值發掘出來；當別人沒有給你機會時，你更要為自己創造機會。

考到保險業務員執照後，等到終於可以開始上班了，二〇〇一年九月三日，我正式到國泰人壽報到，打算邊做邊學。但是，當時大家都看不起我，也看不到我的存在。當時國泰人壽有一個「US專案」，以提供保證薪資來招攬大學生從事保險的一個專案，光是我的單位，就有三十幾個大學生，他們才是培訓的重點人才，而不是三十九歲的我——一個沒有學歷的歐巴桑。現有的服務區域都分給了這些新人，我雖然也是新人，但是並沒有分到任何的服務區域。主任告訴我，因為新人太多，區域不夠，沒有區域可以分配給我服務。

當時剛進公司的保險業務員，每個月有底薪一五八四〇元可領。所以我心想，沒關係，就算是因為三個月沒有業績被開除、真的做不下去，我也要撐過這三個月，至少領三個月的薪水，賺一台機車回家！

因為沒人理我，開完早會大概十點多，我只知道自己的位子在哪裡，就回家了。在我要去上班的第一天，老公雖然答應讓我去試試看，因為已經沒有手工可以做，而且孩子們也都大了，但是他也先跟我三申五令：「我水電行的客戶、我們的左鄰右舍跟親朋好友，你都不准去找他們賣保險！做保險的很纏人，別人會討厭，不能因為你做保險，人家就不找我做水電！」就是這句話，斷了我招攬親朋好友的念頭，認識的人我都不能找。其實到現在為止，我真的連最親的舅舅、弟弟們都沒去招攬過，反倒是後來都是他們主動來找我。

當時就是這樣，公司沒分配服務區域給我，連親戚朋友們有限的人脈，也被老公規定不准去碰；那我到底能去招攬誰？我的服務區域在哪裡？我的客戶又在哪裡？我真的會因為沒有業績被開除嗎？雖然一邊安慰自己，大不了回家，至少還有三個月底薪可以領，但是不服輸的個性仍舊讓我苦苦思索，想為自己找出一個方向。

終於在第三天，搭乘捷運回家的途中，看著捷運明亮、寬敞、舒適又有冷氣的車廂，我突然間恍然大悟：這兒不就是我可以開發的服務區域嗎!?這些乘客不就是我潛在的客戶群嗎!?太棒了！我找到自己的服務區域了！

我愈想愈興奮，當時捷運開始營業沒多久，每個車廂在十點多離峰時間，最多只有三到五個看起來有錢又有閒的乘客，商機無限；對我來說，坐捷運有冷氣吹，寬敞又舒適，不出站又不用車錢，我就可以待在這裡安心開發、找出自己的客戶群！

心中有目標，千斤萬斤願意挑

我常以「不怕慢，只怕站」這句座右銘來自我激勵，選對路就不怕遙遠，慢慢地走還是會到，就像龜兔賽跑的烏龜；然而若是站在原地不動，就是永遠的落後。靠別人來激勵自己，效果很短暫；只有靠自我激勵，明白心中的目標在哪裡，即使是千斤萬斤的重擔都願意去挑，才可能擁有堅持一輩子的動力。

無意中發現捷運這片新大陸，找到自己可以開發的服務區域，我興奮無比的衝回家，拿著一瓶礦泉水、一本小小的筆記本和一疊厚厚的名片，又衝回捷運上，準備開始發名片。

可是，一切並沒有想像中的簡單。

第一天下來，到坐最後一班捷運回家，超過八個小時的時間內，我只遞出了一張名片。

我在每個乘客的旁邊坐下來，說：「你好，我在國泰人壽上班，你有需要我服務的地方嗎？我可以免費幫你做保單校正。」每一個人都不回應我。有的人是看著我不回應。有的人假裝睡覺，有的人說不用，有的人站起來換位子；更多的是連理都不理我，更別提跟我講話。所以一整天下來，只有一個人願意伸手接我遞出的名片。

雖然又累又餓，心情也很沮喪，但是我並未因此而被打敗；深信在捷運上進行陌生開發真的可行，也深信自己真的可以做到。否則，只能等著因為沒有業績而被開除，然後待在家裡毫無收入。我告訴自己，我要活下去，我要賺錢繳保費，除了繼續努力去試，沒有退路；跟陌生人開口，就是唯一的一條路。

第二天，我在捷運上待了十個小時，進步了一點點，這次一共發出了三張名片。於是回家後就看著鏡子，想找出問題在哪裡？為什麼別人不接受我遞出的名片？看著鏡中的自己，恍然大悟，原來自己是沒有笑容、沒有熱情、沒有感情的在問候別人！

這點讓我體會到，改變自己是多麼的重要！**當一個人遭遇到無法突破的瓶頸時，一定要回頭看看自己**。我知道自己需要改變。於是從第四天開始，我遞出的名片變多了，我的臉上開始帶著自然的笑容，肢體也不再那麼僵硬，別人開始感受到我的真誠。

就這樣持續到第二週，終於出現了第一位客戶，讓我賣出一張三萬七千元的防癌醫療險保單！

我一開始詢問這位太太時，她說不需要，因為已經買了很多保險了，我於是跟她說：「妳保險買很多，恭喜你賺了很多錢！」她很疑惑地說：「我沒有賺很多錢啊！又沒發生事情，怎麼會賺到錢!?」我告訴她，因為年齡會增加，同時在現在的低利率時代，保費也會增加，所以她若是之前已經購買了保險，真的保費便宜很多，絕對是穩賺不賠的。接下來我再問她，知不知道自己買的是什麼商品？她說不知道，就一直繳費，從郵局的帳戶一直自動扣款。於是我跟她說：「我們公司有一套軟體，可以整合各家的保險，做保單校正。我幫妳看看妳買的保險好嗎？這樣才不會需要的沒買到，不需要的買一堆，一直重覆的買；我可以幫妳整理一下，這項服務是免費的哦！」這位太太看到我非常有誠意，就叫我再跟她聯絡約時間。

遞出這張名片後的第三天，我就打電話過去給這位太太，約好時間去她家幫忙做保單校正。當我去到她家，開門的是她的老公，看到是不認識的人，就問太太：「這是誰啊？」「是我在捷運上認識的朋友，我請她來幫我看保單。」老公就罵太太說：「你怎麼可以隨便給一個在捷運上認識的陌生人到家裡來？你又不清楚她是誰！」我於是告訴他：「先生，雖然我們以前不認識，但往後一定會是好朋友，因為我會幫你們好好整理現有的保單，並且規畫未來的保單。」後來他才讓我看他們的保單。

我一看，發現這位客戶購買的大多是壽險跟定期險商品，但壽險是離開人世的時候才會用到，定期險則是沒出事也用不到；還有就是人情保的定期儲蓄險，而且醫療險沒有終身，都是附約，因為是早期買的商品，所以也沒有防癌險。於是我告訴她自己本身的經驗、公公的例子，讓她瞭解防癌醫療險的重要性。那一天，我就幫忙把他們夫妻的醫療險轉成終身險，後來也陸續幫他們把小孩的醫療險都轉成了終身險。因為我很真誠、誠懇的在為他們服務，所以這對夫妻到現在都還是我的客戶，也買了很多他們真正有需要的保險商品。

三秒變臉法

在捷運上，當我選定對象要去遞名片時，一定都是先在對方旁邊坐定後才開始開口；但一開口，有時候會很快就被對方拒絕。遇到這種情形，我還是會謝謝對方，再站起來去尋找別的對象。雖然被拒絕了，但是我總不能帶著一張因為被拒絕而沮喪萬分的臉孔或表情，去面對下一個對象，而且這些對象極可能都在同一節車廂中。

所以當我站起身時，就得在三秒中「變臉」，迅速轉換自己的心情。

剛開始我尚未領悟到變臉的重要性，所以為了掩飾自己失望的情緒，我的表情是僵硬的，也因此，我的名片遞不出去，沒有人想理我。

臉上的表情跟內心的情緒有著絕對的關係。為了改變臉上的表情，我發展出一套讓自己轉換心情的邏輯。就在我被拒絕站起身來的那一剎那，我會告訴自己：「我這麼誠心誠意地想要服務你，是你沒有福氣，或是你跟我的緣份還不夠；終有一天，你一定會變成我的客戶。」我這麼想著，很快就自我釋懷了。

同時，在我踏上捷運的那一刻開始，我就會告訴自己，不管被拒絕多少次，真的都是應該的，都沒有關係，因為對方不瞭解我，我是在尋找有緣人、在累積經驗。所以不管別人怎麼拒絕，都應該要愈挫愈勇，**要想辦法讓對方不要馬上拒絕，最少能聊上幾句**。只要能跟對方講上幾句話，我認為這就是有收穫。所以建議大家，目標不要一下子訂得太高，而是循序漸進，只要有開始，就會有成果。

不要祈求老天爺發給我一副好牌，要有能力創造出一副好牌。

沒有人脈？從一張名片到五百張名片

我在捷運上進行陌生開發近三年的時間，到後來一個月可以發出五百張名片；許多人會覺得好神、好厲害。其實從一張名片到五百張名片，需要的是時間與不斷磨練出來的技巧；然而從一張名片都發不出去、到發出第一張名片，才是真正的從「無」到「有」，需要的是自我激勵和對自己的信心，要不斷的告訴自己：「我可以！我做得到！」

為了省錢，我在捷運上發名片，通常一待就是一整天，真的沒有想像中那麼輕鬆、簡單。比方說，在一班捷運上，我會循序從最後一個車廂進行到第一個車廂；如果在這一條路線上都沒什麼進展，我就只好下車，另換一條捷運路線試試運氣。

又比方說，捷運裡不能飲食，不吃東西我可以忍，口渴怎麼辦？於是我只好在上洗手間時，帶著自己的那瓶礦泉水，偷偷喝上幾口。因為如此，我常常是一整天都沒有進食，直到搭最後一班車回到家時，已經是半夜，餓壞的我才開始猛吃，等於是每天都在吃宵夜；結果在捷運上待了三年下來，我就像吹氣球一樣的胖了二十公斤！套句我老公的話，用瓶裝可樂來形容的話，身材從婀娜多姿的「玻璃瓶」變成了「寶特瓶」！

總算皇天不負苦心人，辛苦有了代價。在我「三厚」——臉皮厚、名片厚、鞋底厚的堅持下，到了後來，我幾乎天天都有一、兩個客戶，願意讓我為他們做保單校正，而我也會很平實、很中肯的告知他們保單的問題出在哪裡，提出調整改進的建議，不只校正他們的保單，也同時修正他們的觀念：保險並不是有就好，也不是買愈多愈好，要看看商品是不是符合我們本身的條件與需要。而且，身體是沒有辦法控制的，沒有錢可以省一點，但病痛是忍不了的，現在或許有權利拒絕保險，等到有一天生病了、需要保險的時候，反而會變成保險拒絕你。

在捷運上第三週之後的每一週，我都有成交的業績。第一個月領到三萬七千元的薪水，第三個月開始領七萬多元，第四個月之後，每個月都保持著十萬元以上，沒有掉下來過。因為我每個月都有四、五張在捷運上成交的保單，而且都是保費十萬元以上的保單。當時我很喜歡推薦客戶買十萬元保費的保單，並不是為了自己做業績，而是因為當時公司對十萬元以上的保單提供了三%的高保費優惠，再加上一%的轉帳優惠，客戶馬上就可享受到四%的優惠——當時連銀行定存都不到四%！等於是每年繳十萬元就可以有三千元的優惠，而同樣十萬元放在銀行，生息也不過一千多元。客戶雖然應繳二十年的保費，真正實付保費才十九年！所以只要我一跟客戶分析其中的利弊得失，大部分的人都會欣然接受。

亮眼的業績，讓我常常無心插柳的贏得「創新」獎項。就這樣，我除了約好時間去服務客戶之外，其餘時間還是在捷運上進行陌生開發，一直到SARS爆發，捷運上禁止交談才停止。到那時為止，我一個月已經可以遞出五百張名片。從一張名片都發不出去，到一個月可以發出五百張名片，足足花了我三年的時間。

七天賞味期＆黃金談話術

這三年在捷運上開發客戶的經驗，讓我摸索出陌生開發的重要訣竅。比如說，當你順利拿到電話號碼時，要掌握對的時機做對的事情，才有可能達成你想要的結果，因為**一個陌生電話的賞味期，只有七天**。

拿到對方電話號碼後的第一、二天，不能馬上回電，否則對方會感覺你太黏、太纏人；**第三、四天，最合適打電話過去跟對方約訪**；但若是過了七天，你還沒有採取行動，也就不用再去電了，因為對方根本已經忘記你是誰。過了這「七天賞味期」，這支電話號碼已屬無效。

除此之外，當我愈來愈得心應手之後，也開始會憑著自己的直覺判斷，慢慢去挑客戶，比方穿著品味好的、看起來悠閒又有消費能力的等等。當我自我介紹後，不管對方的反應、回答是什麼，我都能夠應對自如，發展出自己的一套「黃金談話術」。

客戶基本上會有下面三種反應：

第一種會說，他已經買很多了。對於這類回答，首先我會恭喜他。如此一來，對方通常會感到訝異：「為什麼恭喜我？」因為一般人以為說已經買了很多保險，我就會打退堂鼓，但我反而跟他恭喜，他們就會因為感到好奇而有興趣聽下去。我會解釋：「這代表你觀念很好，知道要買保險；因為保費通常會隨著年齡增長而增加，你如果已經買了，表示你已經賺到了。」當他們露出恍然大悟的表情時，我就會接著問說：「那請問你，知道自己買的是什麼險嗎？」當我這樣一問時，其實十個人之中有九個是不知道的，另外一個則是因為剛買才會知道。

我就會跟他們說，其實保險不是買了就好，是要買到符合你真正的需要；而且你的狀況改變了，保險內容也應該跟著調整。比方說，你的保險可能是單身時買的，但你現在已經結婚了；或者是你已經買了房子，但保險是以前買的，並沒有考量到房貸。如果你已經購屋、要付貸款，你的保額就應該要高於你的房貸金額，不然呢，你對房子可說只有使用權，並沒有所有權。一般人聽到這裡，都會開始聚精會神地問：「怎麼說呢？」我會再詳加解釋：「因為現在天災人禍這麼多，萬一發生事情，你的家人沒有辦法負擔房貸，房子是不是要被拍賣？所以你的保額一定要高於你的房貸總金額，這樣對你的家人才是一種愛的表現。不然萬一發生什麼事，你的房子就會保不住。」

一般人聽我這樣分析，多半會嚇一大跳；因為只要有房子，幾乎都有房貸，但是很少人會想到這個問題。也因為如此，我在捷運上就很好開口，只要我提到這一點，他們覺得我講得有道理，多多少少都會給我機會，我就會再問下去，比方說，最重要的醫療險有買到嗎？等等諸如此類的問題。只要願意聽我講、跟我談下去，都有相當高的比例會成為我的客戶。

第二種會說，我有親戚朋友在做保險。我也會跟對方說恭喜他多了一位貼心的服務人員。但是我接下來會問他：「請問你有沒有跟他買保單呢？」有些會說有，但說沒有的占了大部份。我就會跟他說：「那你要多多支持鼓勵你的親友，如果你真的有需要的話，應該跟他買，讓他有業績，才能在保險業存活下去；就像我一樣，也需要被支持鼓勵。如果他做不久，你的保單就會變成孤兒保單了。」

第三種則會說，他不需要保險。我會請問他：「請問你有開車嗎？」或是：

「你家有車子嗎？」他若說有，正中我下懷，我就會說：「你看，現在政府都強制車子要保險，你買的車子是鐵做的，沒有生命，都要買保險了，何況是人是肉做的，怎麼會不需要保險呢？」因為他們以前沒有想過這個問題，我講的也都很中肯，並不用強迫推銷的方式，所以我的這套談話術，在捷運上可說是無往不利。

如果是發自內心的渴望，你就能堅持到底！

陌生開發，成就業績高峰

我進入保險業的這十年來，年年入選公司績優出國獎勵及公司舉辦的年度高峰會會員，這些業績可以說是從陌生開發開始建立起來的。陌生開發讓我的客戶群不是一灘死水，而是帶來新的需求、新的刺激、新的挑戰，當然也帶來新的業績。**唯有陌生開發，才能讓你的客戶群不斷地擴大，基礎愈打愈深、愈打愈廣之後，新的需求也會不斷地擴大加深、不斷地冒出來**。

在捷運上的陌生開發進行了一年多之後，因為還要安排時間去拜訪客戶，我就不再是整天都在捷運上，改成白天在捷運上，晚上去拜訪客戶。兩年半之後，我開發的客戶已達四百多位，所以一週只能安排兩天的時間在捷運上，進行陌生開發。

我非常喜歡陌生開發。面對一位全新的客戶，我完全沒有框架，不用事先去瞭解他的資料，根據他的薪資等等條件，去計算他可以負擔月繳或年繳多少保費；反而是憑著自己的感覺走，憑著當時客戶告訴我的需求去訴求、幫他訂定保障跟保額。正因為沒有框架，所以對我來說，陌生開發很順利，成交的保單金額也都不小，保費平均來說都在十萬元以上。而從在捷運上進行陌生開發的第三個月開始，我每個月都可以成交四、五張保單，這也是為什麼之後的每個月，我都可以領到高於十萬元以上的薪資。

沒有框架的好處是，你不會先劃地自限。如果我有區域，就會在系統中找客戶資料，如果我從其中尋找客戶，就會先預設立場，心想：「哦，他的薪水差不多就是這樣，只能負擔得起年繳保費三萬元。」這樣一來，我怕給客戶帶來壓力，可能就不會再對他開口，也不會再幫他重新規畫。但從另一個角度來想，這種依據現有條件而下的判斷，其實扼殺了許多潛在的商機。

若是我只把你當成一位陌生的客戶時，會很直接的看到你的需求、不足與缺口在哪裡；不會先去考慮你繳不繳得起保費，而會很直接的建議，這項商品應該要規畫多少錢。至於負擔得起或負擔不起，可由你自己決定，而不是由我來判斷。如果有真正符合你的需求、有打動你的心，你真的很想要，就會去想辦法。反過來說，即使你負擔得起，但是你覺得它不符合需求、無法填補缺口，你也不會想要。

所以我認為身為一個保險業務員，我的責任是把客戶的需求與缺口告知他，再依據這些來幫他作出最佳的規畫。而透過聊天的方式，就可以瞭解對方的需求。我會詢問客戶：「你有什麼願望或目標？你有什麼煩惱？」他們的目標、願望或煩惱，都可以藉由保險來規畫、實現或解決。比方近期中想買車子、買房子但錢不夠，要怎麼做？我就會幫他規畫一個零存整付的保單，到期時就可以拿到一筆足夠的金額去付頭期款。經過與客戶之間的溝通，才能發現他的需求是什麼，也才能點醒他的煩惱，讓他瞭解自己的需求與煩惱，都是可以解決的。有許多業務員是為了業績在賣保險，會一直追著客戶、纏著客戶，硬要推給他不一定需要的產品，希望他趕快買一買、趕快結束；對客戶來說，這種**人情保單付出的**

保費只是交際費，而且長達二十年。因為他不需要，所以是一種浪費。

雖然陌生開發有很多好處，但是大部分業務員都有疑問：「怎麼踏出陌生開發的第一步？」對於陌生開發的心理障礙，第一就是不敢開口；第二是被拒絕之後，不知道該如何處理，會覺得很尷尬。這些都是必然的，所以要先給自己心理建設，告訴自己，被拒絕是理所當然的，最壞就是像現在一樣，沒有而已，有什麼好怕的!?告訴自己，再試一次、再試一次，總有一天會成功，總有一天他會成為我的客戶，只是因為時機還沒有成熟。每次我被一再拒絕，就會跟對方說：「你就是我的期末考，在今年之內，我一定要把你變成我服務的客戶。」他們通常都會笑著說好啊，你就來試試看。而當最後他真的變成我的客戶時，我就會寫卡片感謝他，讓我通過這個期末考。

此外，**陌生人其實是最好開口的，因為不認識，雙方都沒有人情包袱**。要，就是真的需要；不要，也沒有負擔。他不會為了要做人情，給你一點不痛不癢的甜頭，讓你不好意思賺他的錢，反而還得送他很多禮物。就我自己來說，我喜歡陌生開發是因為，面對熟悉的對象我反而不好意思開口；我覺得我若開口，你身為我的親朋好友，不買會覺得對不起我，要買又可能負擔不起或是沒那個需求，這樣反而很尷尬。所以我老公當初叫我不要去招攬親朋好友，其實幫了我很大的忙，逼我不得不去進行陌生開發，進而發掘出陌生開發的龐大商機。

想的都是問題，說的都是道理，做的才是答案。

一回生二回熟，你開口他才會開口

我喜歡沒有框架的陌生開發，但大多數人可能剛好跟我相反，面對陌生人就是開不了口。但是想想看，如果你開不了口，對方怎麼可能會開口？而只有客戶願意開口跟你溝通，你才有可能窺見他的需求是什麼、夢想是什麼，才有可能建議最合適的商品給他，幫助他滿足需求、完成夢想，同時達成自己的業績目標，創造雙贏的結果。

一回生二回熟，**開口沒有什麼技巧，就是要去做、去試**。我的臉書上也有很多人會來問我：「要怎麼跟陌生人開口？」這是最難踏出的第一步，一定要多練習，才會熟能生巧，而且你練到滾瓜爛熟時，表情就會很自然、很豐富：「哦，你不需要？我服務很好耶！」對於不接我名片的人，我會跟他說其實我的名片很好用，不只是買保險，只要有事情打給我，只要不是跟我借錢，其他的任何事情我都會想盡辦法幫他解決；總之，竭盡所能讓他一定要把我的名片留著。

如果面對面開口，對你來說真的有很大的障礙，**我建議可以從打陌生電話開始練習**，就是類似電話行銷的方式。因為你看不到電話那頭的人，感覺不會那麼的奇怪或尷尬。但另一方面來說，打陌生電話也有它特定的難度，因為不是面對面，所以被掛電話、被拒絕又更加的容易。如何不打擾到對方，又可以讓對方願意跟你聊下去，就是關鍵所在；憑藉的，是你的開場白、你的話術，聲音是否親切、熱情、誠懇、有禮，而不是冷冰冰的。在我來說，打陌生電話時，一定會先讓對方知道我是保險業的從業人員，只要他願意跟我談下去，拒絕的機會就很小，就有可能成交了；我會寧願讓對方拒絕在先，而不是到後來才讓他發現跟他講話的是保險業務員再拒絕，以免浪費雙方的唇舌與時間。當然剛開始打電話時，極有可能打上一、兩百通，也沒有人願意聽你講下去，這是因為你的練習還不夠。

打陌生電話有些要注意到的小地方。比方說，**中午十二點到下午三點半之間不適合打電話**，除非是公司行號，否則你會吵到對方睡午覺或休息；**下午三點半到五點半之間的兩個小時，則是最適合打家裡電話的時間**。這時間會在家的多半是家庭主婦，在做晚餐之前，就屬這段時間最為悠閒，也不排斥跟人講講電話、聊聊天。

陌生電話與一般的電話行銷不一樣的地方是，一般的電話行銷是依據公司的客戶資料庫進行，所以在打電話前，你還是可以得知對方的若干資料——這就是我所謂的「框架」；但陌生電話則是一片空白，你不知道接電話的人會是誰，可以說是最好的銷售訓練。你可以用區域性號碼來隨機撥打，比如說石牌地區，前面四碼可以用２８２７、２８２３、２８２０，後面四碼則可隨機選擇。

陌生開發最大的好處，在於你的客戶群永遠在成長，不會只侷限於一小圈的親朋好友，所以你的業績也會跟著不斷地成長。保險商品那麼多種，若是公司每推出一樣新商品，你就去找同一群客戶，客戶不是煩死了？因為你可能一直在幫他轉換商品，或是一直在補他小額的不足，客戶可能就會對你失去信任感，覺得你在玩弄他：「為什麼同樣的商品，你一直叫我換來換去、一直叫我增加一點點？為什麼我一直缺這個缺那個？你的專業度又在哪裡？」

找原有的客戶推銷新商品，前提應該是他原本沒有這項商品，但這項商品又極為符合他的需求，而不是什麼商品都要賣給同一個客戶。保險商品之所以如此多樣，就是因為沒有一種商品可以符合所有人的需求，才要靠保險業務員的專業去衡量客戶的需求，為他量身訂作、精心規畫。所以不管你有多少客戶，還是要不斷的進行陌生開發，以創造更多的新客戶來讓你服務，也才能讓你的業績跟著不斷成長、蒸蒸日上。

黃金九十秒

以前我常常在等紅綠燈時覺得很無聊，台北市的紅綠燈時間又好長，有時甚至會長達九十秒。有一天我就突發奇想，看到身旁有這麼多人也在等紅綠燈，為什麼我不試著把握這「黃金九十秒」來開口做陌生開發，在捷運上我不也是這樣做嗎？

第一次我決定在等紅綠燈時進行陌生開發時，先看了前後左右，發現後面很多人；我心想，如果在最前面找第一個人開了口，後面的人聽到了，說不定就都跑了。於是我慢慢退到最後一排去，選定對象，小聲地開口詢問：「咦，你每天都搭捷運上班嗎？」或是「你今天是剛好搭捷運嗎？」因為我會經過的紅綠燈大多在捷運站附近，所以就找個這類的話題起頭。剛開始，對方大都會覺得很奇怪，有的還會白我一眼；後來，我除了開口詢問外，有時也會搭配送原子筆等小禮物或者做問卷等活動，慢慢的反應就多了。

我也會根據對方的回答，順勢介紹公司商品的優點。當我詢問對方是否每天都搭捷運上班，他若說對啊，我天天搭捷運；那我就會問他：「有沒有辦過我們公司推的悠遊卡？」告訴他，我們的悠遊卡很好用，一刷就可以加值，卡片餘額少於一百元就會自動加值五百元，不用去找機器或到櫃台加值，萬一哪天忘了帶錢，還是可以搭車或是在便利商店消費，毫無影響，方便又好用；然後拿我的悠遊卡給對方看。就這樣，我在等待紅綠燈的黃金九十秒中，也收集了許多信用卡的申辦表。

如果對方說，他平常都開車，只有今天搭捷運，那我會問他：「你的強制險是不是國泰人壽的？」他若回答說不是，我也會告訴他，國泰產險贈送拖吊服務，請他參考看看，這時我才會把名片拿出來。

聊完這幾句後，就差不多已經過了九十秒。如果我在趕時間或跟對方還算談得來，我就會陪著他過馬路；如果不趕時間或是談不來，我就會留在原地。如果這一個九十秒都沒有找到合適的對象，我也會留在原地，等待下一個九十秒。其實黃金九十秒的方法可以運用在許多場合與時機，一樣可以進行陌生開發，比如在郵局、銀行等著辦事，或是在很多地方等著排隊時，我都會運用黃金九十秒去開發新客戶，開口把自己推銷給別人。

不預設立場，遇貴人師父傾囊相授

有句俗語說：「不聽老人言，吃虧在眼前。」這句話基本上是對的，但前提必須是，你的前輩提供了正確的見解。前輩告訴你的是他們的經驗，然而你還是得自己去加以思考、判斷，而不是全盤無條件的接受，否則就可能會因為「老人言」而預設立場，給自己畫地自限，結果失去了最珍貴的、可遇而不可求的機會。

進保險公司上班的第二週，我的主任拿了厚厚一大疊都是同一個人的收費單，跟我說：「你是新人，去把這個保費收一收。你只要聯絡對方，約好去收費的時間，告訴他保費收多少、開什麼時間的票，他不會讓你跑第二趟。也不用花任何口舌跟他講保險，他不會跟你買。」原來這一位客戶A先生，是我們公司退職的員工，光是月繳保費就三十幾萬元！我一看收費單上的經手人跟要保人是同一個人，才知道他等於是自己招攬自己，所以主任才會跟我說不用向他招攬保險，去收費就好。

我當時心裡好高興，覺得自己找到了一個保險業的師父！於是依約去拜訪這位A先生，見到他，我開口就說：「前輩你好！我是國泰人壽來收費的業務員，我叫陳秀苗，是第一個月來上班，很多不懂的地方，請您多多教導我！」A先生當下愣在門口，因為從來沒人這樣跟他講過。等回過神來，他說：「你怎麼跟別的業務員不一樣？別的業務員只會跟我說這個月要開多少票、開何時的票而已；結果你這樣講，害我嚇了一大跳，一時不知道該怎麼回答你!?趕快進來坐！趕快進來坐！」

於是我在他家中待了一個下午，一直到要開會了，我才回公司。原來A大哥跟大嫂都是國泰退職員工，在國泰待了五年。他們不只是我的貴人師父，對我傾囊相授，我的心態也是在那時被他們教導、建立起來的。他們告訴我，要去想為什麼人家要跟你買保險？被拒絕了要怎麼做？其實第一次拒絕是應該的，而且拒絕也有分假的拒絕跟真的拒絕。如果人家一下子就答應了，你才要小心，說不定他是帶病投保，或者是有別的企圖等等，他們為我建立起許多正確的觀念與基礎。

我想，叫我去收費的主任萬萬沒想到，我竟然可以有如此的收穫。因為大家都會有先入為主的觀念，會預設立場，認為A大哥的保費已經月繳三十幾萬了，而且他自己是經手人，不可能透過別人再買保險，所以才叫我不要招攬。但是他們沒有從另一個角度去想，正因為他是退職員工，他的觀念這麼好，根本不用花費唇舌說服他保險的重要性與必要性，我為什麼不招攬？

當時，A大哥與大嫂所購買的保單中，都沒有投資型商品，我就開口向他們介紹，結果他們不但自己購買，還一直幫我介紹，他們的女婿、孫女、親戚，全部都成了我的客戶，我一共賣出了十幾二十件的保單，年繳五百多萬元的保費。正因為他們的觀念很好，條款也都很熟，我只要告知有什麼新商品，也不必多加介紹，他們自己覺得有需要就會買。

比方當時有一項保本結構債商品叫「富貴保本」，就是他們之前沒有購買過的，我於是告知A大嫂，要不要存個一、兩百萬？她說好。一直存到二〇〇九年時，「富貴保本」又有新的選擇「世界通」，「富貴保本」是台幣存進去、一樣台幣領出來；現在「世界通」是存什麼幣別進去，就領什麼幣別出來，不會有匯兌的風險。當時我只是告知他們，以前這商品叫「富貴保本」，現在新商品叫「世界通」，問他們有沒有需要再買一、兩百萬？誰知道竟然被A大哥罵：「要買就買多一點，買什麼一、兩百萬!?要買就買一千萬！」

當時我嚇了一大跳，因為我也是預設了立場，想說他已經買很多了，居然還要買一千萬？真的假的？我還跟他開玩笑：「好！你如果買一千萬，我就帶你們去日本玩一趟！」結果，他就真的買了一千萬，我也真的帶他們去日本玩了一趟。其實，當時我介紹他買的，每年的配息都很高，他也非常滿意，所以從此只要我介紹什麼商品，他都願意買，也願意重新規畫；因為他有保險理財的觀念，所以只要有需求、有能力，都不會排斥去購買新的商品。如果沒那個觀念，不管人家怎麼講，有錢就是要去放銀行。所以**真的不要去預設立場**，如果我當初聽了主任的話，只是乖乖的去收費而已，就斷了我這條貴人之路了。

三封信感動瞧不起我的客戶

只有國中畢業的我，走入保險業最大的困難與心結所在，就是很怕別人看不起我的學歷。所以往往在別人詢問我的學歷時，我開不了口，因為怕別人覺得我沒有學歷、書讀得那麼少，不敢給我規畫。雖然這也激發了我自己，讓我下定決心繼續求學，把握任何機會去學習，但是在一路走來的過程中，沒有學歷的確讓我倍受挫折；因此深深地體會到一個真理：別人可以看不起你，你不能看不起自己；唯有你看重自己時，別人才會看重你。

教導我許多保險心法的貴人師父A大哥，他的弟弟是教育界的一位名人。每次我去他們家聚餐時，他的弟弟B先生也會來，但是，他的態度就是擺明看不起我這個沒有學歷的歐巴桑。自從他知道我在國泰人壽上班後，每次聚餐他就會故意說，哎，我昨天才跟安泰買了多少保險，我前幾個月、前幾天，才買了多少多少；但我並不知道，他說的都是保額，不是保費，比方他說五十萬，其實是保額五十萬元，繳的保費是一、兩萬元。

但是，這些話聽在我這個不能受激的人耳裡，就覺得非常不是滋味；於是我開始思考，要怎樣做才能把他變成我的客戶，我要讓他知道，我不是外表看起來這樣一個歐巴桑而已，我有內涵、有專業。但因為沒有機會跟他當面談，於是我決定寫信給他。

第一封信完全沒有回應，於是寫第二封信給他時，我請他們家的阿姨幫忙，把信放在他的桌上。第三天早上，他就打電話過來了：「妳如果可以在十分鐘之內到我家，我就跟妳談！」當時還在準備早餐的我，也還沒有準備好去上班，於是我就跟他說：「十分鐘之內我一定可以到達你家，但在這麼趕的情況下，不保證可以平安到達，萬一我在路上發生意外，恐怕會讓你一輩子良心不安；而且一方面我還在準備早餐，也還沒準備好上班，模樣很邋遢，你看到我印象一定不好，我看到你也不好意思，所以今天我沒辦法過去。」然後我就謝謝他，願意給我這樣的機會。

電話掛掉之後，我心想，有反應就是好事。到了公司，我就開始寫第三封信給他，感謝他給我機會，是我自己沒辦法把握，請他再給我一次機會，給我半個小時的時間去他的公司拜訪他，同時介紹我自己，讓他認識我的內涵與專業。

第三封信寄出去的第二天，他辦公室的小姐就打電話來跟我約時間，說老闆想見你。於是我當天下午兩點過去拜訪他。誰知道，我開始介紹自己、我的經歷，他居然很有興趣，兩個人一打開話匣子，投緣到停不下來！一直談到晚上七點多，他還請我吃晚餐。

第二次見面，我才跟B先生提說想幫忙他整理保單，這才發現，他的小額保單多到不行！我於是問他：「為什麼你這樣身分地位的人，買這麼多這種小額保單？」他說，因為他的保險業務員每次來說：「B先生！我缺一張保單，你幫我寫一下！」他每次沒問就簽名。我告訴他：「你在付的都是交際費，因為你根本不知道你買了些什麼！」然後我就幫他整理保單，把很多重複的保單取消掉，把他不需要的東西，一項項用螢光筆畫起來，拿給他看，分析給他聽。他很驚訝我居然夠專業，可以幫他把保單整理得那麼好！從此他就很信任我的專業，也不再跟原來的那位業務員買保險了。

B先生並沒有只把我當保險業務員看待，舉凡跟金錢有關的投資、交易，他一定會詢問我的意見。此外，他還會帶我去看房子、教我如何買屋、如何規畫房地產等等；而他的很多大小事情，我也會盡力幫他處理。

甚至B先生後來需要換肝住院時，我也不像一般的業務員，只是送個花、送個水果、去看他一下，而是從早上六點搭第一班捷運到台大醫院，送他進開刀房，等他從開刀房出來恢復了，到晚上十一點多我才安心的回家，守候B先生一整天，也陪著B太太度過這漫長的一天。她的兒子捐肝給爸爸，所以B太太在開刀房外面等著的，是兩個最親的人的安危，這種雙重的壓力與煎熬是無法以言語形容的。我很瞭解這種痛，因為我的兒子曾經罹患惡性腫瘤，手術過程長達十六個小時，等待的過程度秒如年。我當時是希望自己的陪伴，可以安定B太太等待的心情。

B先生住院將近兩個月的期間，我幾乎天天都去醫院看他；從加護病房的每天探望，到之後轉到普通病房較為穩定了，我才有時兩、三天去一次，看看有什麼事需要我幫忙的，一直到他出院。從那次以後，他們就把我當家人看了。隔年B太太子宮手術，我也是從頭陪到尾，當護士叫家屬過去時，我還衝第一個，結果被護士罵說，你不是家屬，幹嘛衝那麼快!?其實，我心裡早就把自己當成是他們的家人了！

我要當萬能鑰匙，甚麼鎖都能開。

想的做不到，做了想不到

每個客戶只要接觸一、兩次之後，在你心中，都會有一張要怎麼幫他做規畫的藍圖浮現。當然有時你把心目中的藍圖拿出來時，客戶會全盤接受，但有時也可能會不領情。所以我認為，光用想的是做不到的；只有在真的去實踐時，才往往會出現你意想不到的結果。

我在幫客戶規畫藍圖時，常常會要求他幫我帶個朋友一起來聽，或者是安排在他有親友聚會時，讓我把那個構思說出來。因為我發現在這種情況下，我**說出來的效果就像骨牌效應一樣**，一**個推一個**、一**個接一個**；客戶的親友可能也都有同樣的需求，他們會認為，如果我的客戶可以這樣規畫，他們也可以！所以往往聽了我的規畫藍圖之後，就會產生連鎖、加乘的效果，這個也要、那個也要。

去年就是這樣，做了想不到，無預期的達成了高峰會的目標。話說為了回饋一位客戶，我在北投的貴子坑舉辦了一場小小的尾牙，邀請了這位客戶的家族親友共襄盛舉。這位客戶排行老三，他們家四個兄弟已經分家了，各自開公司、拚事業，平常也都很忙，沒什麼聚在一起的機會，所以我就建議這位客戶，不如我替他請大家來吃頓飯、泡個湯，就當作是年終尾牙聚餐。所以這場聚會，四兄弟全來了，加上他們的老婆和各自的女兒、女婿，總共來了十二人。

當時因為年底到了，我想他們都開公司，可能會有節稅的需求，所以就介紹了一些節稅的商品給他們；而且因為老二的親家剛好也是國泰人壽的業務員，所以我並沒有預期要做他們的生意，想說幫忙我們同事做做業績也沒有關係。

結果沒想到這一介紹，其中節稅規畫中的贈予方式，讓他們都聯想到，自己現在都有房子要贈予給孩子們、傳承給第三代，要怎麼去創造負債等等之類的問題。就是因為產生了這項需求，後來才有機會與他們一一接觸、幫他們各別規畫；除了老二之外，其他的兄弟都成了我的客戶，一共創造了我五百多萬的業績，讓我當上了二〇一一年高峰會的第三副會長。

所以很多事情，若只是在你的腦海中設想，想再多，不去做，都不知道到底能發揮什麼作用；可是當你真正去做了之後，你的意外收穫卻是想都想不到的。如果我自己在腦海中就先設想，他們的親家就是公司的保險業務員，他們一定不可能跟我買保險，可能就不會有這頓家族尾牙的構想，那麼我也就無從得知，一頓小小的尾牙居然可以幫我創造出這麼大的商機，這是連我自己都始料未及的！

把別人最頭痛的問題，當成自己的商機。

決心拿出來，貴人跟著來

「**決心拿出來，貴人跟著來**」這句話，其實是我自己在民國一百年時喊出的自我激勵口號。在這之前，業績雖然在北投地區算是第一名，但是並沒有好到冠及全省。然而經過這句口號的激勵，卻使我在當年整年度的業績名列全公司金馬獎的第一名。決心拿出來，貴人跟著來，我認為就是「天助自助」的意思；當你拿出決心時，你會去想方法、做準備，隨時打算起跑衝刺；當機會來臨時，你也一定會緊緊把握住，有句話不是說：「機會是給準備好的人」嗎？

按照公司的工作月份來算，一年有十三個工作月，一個工作月有二十八個工作日，所以民國九十九年的十二月中，對我們來說，等於是民國一百年的開始，算是已經進入一百年的第一個工作月。當時公司的電視台CSN來訪問我，說高峰會開始了，問我在新的年度有什麼目標？我不加思索的說：「民國一百年剛好是我來國泰第十年，也是我第十次進入高峰會，所以今年民國一百年是我的十全十美！」主持人又問我：「那你對自己有什麼期許？」我說，我希望我的十全十美是豐富的、創新的，「超越我前面每一年的業績，達到十全十美一〇一〇（即一〇一〇萬）的目標！」

當時我還沒有意識到自己誇下了海口。因為高峰會的競賽只有四個月，我等於是在宣示，要在這短短四個月中達到近乎前一年度一〇八〇萬的業績！一直到當天晚上寫日記時，我才突然醒悟到，天啊！我講了什麼啊!?我要在四個月中做出一年的業績!?

但是為時已晚，說出去的話就像潑出去的水，就算講錯話，要後悔也來不及了，因為CSN將會對所有的國泰人播放訪問內容。我心想，慘了慘了！自己一向是講信用、重承諾的人，話已說出口，不做不行了！怎麼辦呢？我開始列出我有把握達到的業績。但是，不管我怎麼列，就是三百多萬，因為四個月三百多萬就是我平常的表現，怎樣都列不到一千多萬的目標。

當天晚上我輾轉難眠。第二天去公司參加早會回來，我就去書局買了一大張紅紙，突然靈感一來，就寫上這句：「決心拿出來，貴人跟著來！」真的，自從那天我的決心拿出來之後，貴人就一直來、一直來！不管招攬誰，都跟我買保險。四個月內，我做到了將近一二〇〇萬的業績，甚至超越預期一〇一〇萬的目標！

而在那四個月當中，我也努力的想辦法，不停地請客戶幫我轉介。我跟我的客戶說，如果他認為我的服務不錯的話，請他幫我轉介紹。有些客戶就會說：「我哪有什麼朋友？沒有啦！」或者是「我不敢講，你們保險業務員都很黏人！」我就會問他：「你看我的為人，我服務你這麼久，有很黏人嗎？」他們都承認說，倒是不會。我又問他：「我的服務好嗎？」他們都說很好啊！於是我就會說：「那就請你幫我介紹，把我的服務分享給你的朋友。」

當然有些客戶還是會一直推託，說他沒有什麼朋友啦！我就說：「那好，我來做個比方。如果現在遇到地震，我們兩個同時埋在瓦礫堆裡，可是老天爺給我們三次機會，可以打三通電話出去求救。你告訴我，你會打給誰讓他來救你？請你寫下那三個名字，你幫我介紹這三個就好了。」然後我會請客戶幫我先打電話跟這三位朋友打個招呼：「我在國泰人壽買保險，覺得我的保險業務員服務很好，想介紹給你。」就這樣，他們每介紹三個人，至少就有一個會成功，有時候還會全壘打！

我去年高峰會的亮麗業績，就是這樣來的，所以我才能在短短四個月當中，超越前一年整年度的業績。你看，是不是決心拿出來，貴人就會跟著來!?

服務放中間，業績擺旁邊

現在的保險業那麼競爭，商品又那麼相似，你想想看，如果不是服務好，誰會跟你買？而且要服務得不著痕跡，服務到客戶的心坎裡去。如果你只是去收費，改改資料、改改受益人欄位，這叫做服務嗎？不對，這叫做保險業務員應盡的義務、責任，因為這是客戶的權利，這是他買下這張保單、簽下姓名時，應該就要享有的權利，而我們只是幫忙他，讓他享受應有的權利而已。

服務是你平常在跟客戶往來的過程中，發自內心的真誠對待，或是你到他家中時，**觀察到他的需要，無形中去幫助他、為他設想周到，並且超越他的期待，那才叫做「真正的服務」**。你的服務好，就成功地創造了你的個人價值；很多人不是因為你的保險商品好才跟你買，而是因為你的服務好，好到他沒有辦法不跟你買保險，或是好到他其實不是那麼的需要，但是他負擔得起，就跟你買了。這麼說吧，他們**一方面信任你的規畫，一方面又感謝你的服務**。

比方說，每年三月八日婦女節，我就會開始安排女性客戶去做體檢，做子宮頸抹片及乳房攝影的檢查，為什麼呢？因為一般人會有駝鳥心態，一個人不敢或懶得去做檢查，所以我就安排大家一起去檢查，並且請女性的醫師來幫他們檢查。男性客戶的話呢，我就會安排他們在八月八日父親節時，去做攝護腺檢查或者半天的身體檢查，檢查基本的體檢項目。

我若到客戶家時，都會默默的觀察，他們家有什麼需要，有什麼東西壞掉了，卻還沒有時間去買的，或是有危險性的家電，需要立即更新的，我就會去幫他們買來、送給他們。像我有個客戶是一位老阿嬤，她的老式熱水瓶已經乾燒了好幾次、快要壞掉，我覺得很危險該換了，但是因為老人家很節省，東西沒真的壞掉前不會換新，而且也不覺得有什麼危險，於是我就乾脆去買了一個新的熱水瓶送給她。有的客戶知道我老公在開水電行維修冷氣，如果剛好他們的冷氣有問題，我也會馬上叫我老公來幫忙修理。還有的時候，我去小孩多的客戶家，看到他們的沙發布已經被小孩磨到破掉了，我就會依據它的尺寸送一套新的給他們，一方面幫他們解決這個問題，另一方面，椅套可以用好幾年，他們也會一直記得這是我送的禮物。

有的客戶什麼也不缺，就是管不動小孩，有青少年管教的問題。我也會想辦法，幫他們帶這些孩子去參觀中途之家或觀護所。青少年不聽話，認為只要他們喜歡，有什麼不可以，聽不進父母師長的話；做父母的講也講不過、管也管不動他們。但是如果帶這些孩子去看中途之家或觀護所，他們就會有所警惕，原來自己已經在法律邊緣了、原來自己的行為是錯的，再使壞下去就會被關進去、失去自由、蒙上污點。讓他們眼見為憑之後，才會開始有所自覺而改變。

當我接觸客戶時，就會盡我所能為他設想，把他當自己的兄弟姐妹、親人家人般看待。我只要一進到客戶的家裡，也會很自然的把自己當成是他家中一份子般的熱絡，而不只是一個保險業務員而已。因此，我也很喜歡去客戶家裡吃晚餐，因為在晚餐之中，我可以瞭解到他們很多的生活細節、一天在外面工作的情形等等，如果他們家的女兒、女婿回來吃飯，就有機會認識他們的第二代、第三代。當然如果知道要去客戶家吃晚餐，我也會帶幾盤熱炒過去幫他們加菜，所以他們也很喜歡我去吃晚餐。而且為了避免老是帶一樣的菜色，我還會做紀錄，這樣下次再過去時，就可以有變化、換幾道新鮮的菜色。所以有的時候，他們的小孩想加菜了，就會期待地問我：「秀苗姐！你什麼時候要來我們家晚餐？」

活出生命的熱情，態度決定勝負！

服務對味，成功自然到位

去客戶家裡拜訪時，除了晚餐時間我會順便帶幾道熱炒過去加菜，一般來說，我不喜歡送客戶吃的東西，因為不知道合不合對方的胃口，萬一不合被丟掉，就很浪費。相較之下，我比較喜歡送客戶用的東西，尤其是擺飾。擺飾永不嫌多，而且有紀念價值，看到就會想到送的人或是跟它有關的故事、源由，是比較有意義的禮物，也容易對客戶的味，如果有心送到客戶的心坎裡，客戶不但感動，還會一輩子記得！

我每年都送很多擺飾給客戶，比較平常的像是生肖類的小禮品。比方說，送客戶的生肖擺飾、或者是他的六合生肖擺飾（就是跟他的生肖相合的其他六個生肖）；如果我今年送他自己的生肖，明年就送他的六合生肖，祝他有貴人相助。或者，比方今年是龍年，我就會準備一些像是大師加持的龍形吉祥物之類的小禮物送給客戶。如果他們家裡有人犯太歲，我也會先幫客戶準備好七色線、五色線這類小東西送他們。基本上就是依客戶的興趣或依他家中的擺飾，無形中去做一點服務。

此外，每年公司招待我們績優出國時，雖然出國不方便帶太多東西回來，我還是會帶回一樣紀念品，送給某一位我選定的客戶。如果我今年想送這位客戶一樣禮物，我就會特別去留意他們家的擺設，依他的需求去尋找合適的禮物，有時候是很少見的，有時候是很難找的。

記得我去土耳其時，在那裡的陶瓷博物館，買了一個價格不斐的土耳其盤子，顏色是非常漂亮的土耳其藍；這盤子還有一個好聽的名稱，叫做「幸福圓滿人生」。出國要把這種易碎品帶著走，本來就不容易，所以我連自己都沒買，只買了要送人的這一個，小心翼翼地捧著它回來。然而當我把它送到客戶家裡時，一切都值得了，那對夫妻既高興又感動！

因為我之前就是觀察到，他們家有收集來自各國的各式瓷盤，可是他們沒有去過土耳其，所以收藏品中沒有來自土耳其的盤子。我認為這個盤子會是他們想要的，所以就買來送給他們。於是他們問我：「你怎麼知道我們沒有去過土耳其？你怎麼知道我們很想要有一個土耳其藍的盤子？這個『幸福圓滿人生』就是我們很想要的！」當下，這對夫妻就說：「秀苗！你欠多少業績，我們幫你簽！」但我跟他們說：「我從來不欠業績，你們要簽的話，要看你們的規畫少了什麼再簽。」他們想了想，說他們的小孩要買房子，但因為贈予稅的問題，做父母的沒辦法幫他付頭期款。我說沒問題，我開始幫忙規畫，等到他們想送給孩子再給他。沒想到，這對夫妻二話不說，馬上簽了十萬元美金的保單！其實我只是想送一樣他們想要的東西，而且我覺得這個盤子只有放在他們家才襯得出它的價值，從來沒有想到，送一個小盤子會換來這麼大的業績！

還有一年我去奧地利，精心挑選了一組六個、價格不斐的水晶杯，小心地捧回來送給一位客戶。因為我知道這位客戶很喜歡奧地利的水晶，但是因為健康因素，無法坐那麼久的飛機去到奧地利。結果他看到這套水晶杯，也是超感動的，還為了那套杯子，特別做了一個櫃子來擺它！後來，因為我每年都會送他一些擺飾品，那個櫃子就成了「秀苗專櫃」，已經擺滿了我送的每件禮物，大大小小，什麼都有，從很貴重的到很有紀念價值的都有；甚至連我寫的卡片，他都貼在每件禮物的後面，對每件禮物的故事如數家珍、記得比我還清楚。所以每次我去拜訪他時，就跟他開玩笑說：「咦！我家的櫃子怎麼跑到你家來了!?」

有自信，是展現專業的第一步

當我去參加《商業周刊》舉辦的「王者大獎」時，我述說了自己一路走來的故事，最後以充滿自信的「捨我其誰」作結；當時，六位評審都對我報以肯定的眼神。雖然尚未公布金獎得主是誰，但是當我步下講台、走出會場時，我覺得勝負已不重要。在我的內心，我為自己喝采，我已經贏了。我深深的體會到，真正的掌聲是來自自己；一個人如果不能自我肯定，掌聲再多，也沒有用。

剛進保險公司不久，有人介紹我一位重量級的客戶，一位董事長。我於是帶著忐忑不安的心情，到他的辦公室拜訪；見到他時，我很惶恐，畏畏縮縮、小心翼翼地自我介紹：「董事長您好……我是國泰人壽陳秀苗，今天我送一份規畫書過來，您有空時再幫我看一下好嗎……」他嚴厲地看了我一眼，二話不說地把整份規畫書砸在我臉上！

「出去！」

從來沒有受過這樣的屈辱，我被嚇呆了！從他八樓的辦公室走到一樓時，我一路上一直哭、一直哭，想說自己怎麼這麼沒路用，好不容易有人介紹這一位董事長級的客戶，結果就這樣被自己搞砸了！

過了一個星期，我又去，這次撐得久一點，大概過了三分鐘，董事長才把規畫書丟出來！我實在是一頭霧水，只好請他的秘書幫忙：「你幫我問一下是怎麼回事好嗎？」秘書真的去幫我問，董事長大聲斥罵：「不用問啦！等她有自信，敢看著我的眼睛說話時再來！」

回家後，我看著鏡子一直練習：「董事長您好！我是國泰人壽陳秀苗，請你給我一個機會好嗎……」我想像鏡中的自己就是董事長，看著他的眼睛，我反覆練習，練到說辭滾瓜爛熟，不用看稿也講得萬分流暢時，就去見他第三次。這一次，我終於敢直視董事長那銳利的眼神，毫不畏懼、滔滔不絕的侃侃而談！結果，他十分滿意我的專業建議，當場就簽了五十萬元的保費！

這個經驗讓我深深體會到自信的重要。**如果自己都沒有自信，客戶怎麼可能對你有信心？**又怎麼可能讓你幫他規畫未來？**有自信，才是展現專業的第一步！**直到現在，我每天要出門以前，都會對著我那面很大的穿衣鏡，大聲告訴自己：「秀苗！你今天好棒！你一定可以的！加油！GO！」這才出門。我知道自己的自信來自於我的專業，不管任何時間，我一直都在努力不斷的學習、閱讀，甚至花錢去聽別人的分享、講座，學習別人的成功經驗，總比自己闖得頭破血流來的好。同時，我的自信也來自於不放棄，任何事情我只要有自信講得出來，我就做得到，而且一定可以做到最好。

因為有自信，我認為自己可以用專業帶給客戶幸福，所以我不會怕生也不會怯場，更不怕被客戶拒絕。剛開始去客戶家，有些客戶就會罵，你們公司怎麼一直換人、一直換人，把業務員罵到狗血淋頭；遇到這種客戶，很多業務員都會受不了，可能就此放棄。

我曾經站在一個客戶的門口，被他指著鼻子罵上十幾分鐘。可是，他愈罵，我愈開心，嘴角一直往上揚。因為我在心裡告訴自己，就當做去廟裡點光明燈、消災解厄，以台北的行情，點一盞燈也要五百元；現在人家指名道姓的指著你的鼻子罵，就是在幫你消災解厄！我告訴自己，你罵我一句，我就賺五百！所以我心裡一直暗笑：「賺五百了！再來五百！再來五百！賺翻了！卯死啊！」所以客戶罵得愈兇，我就笑得愈燦爛！

我站在客戶的門前讓他罵了十幾分鐘，終於到最後，他罵不下去了，問我：「為什麼我愈罵你愈高興？」「沒有啊！」「有啊！我看到你愈來愈開心，笑得那麼高興，害我都罵不下去了！」於是，他就叫我進去坐。我講了一番道理給他聽。我說，現在的人為了要修口德，很多人都不會罵人，今天你一定是心中受到很大的委曲，所以才會口出惡言；而我今天願意站在這邊讓你罵，一方面是想消除你滿腹的委曲，一方面我也是在做功德。你這麼委曲，業務員不站在這邊讓你罵一罵，以後也沒有辦法再進一步的服務你，因為你一定會讓他吃閉門羹。可是像剛剛，我站在門外讓你罵到你不想罵為止，讓你把心中的委曲發洩出來，以後我們就變成朋友了。

我講完後，問他：「你現在還氣嗎？」他說：「不氣了，因為看到你這樣子我罵不下去，就不氣了。」於是我說：「對啊！這樣我們以後就會變成好朋友啦！我會好好地服務你！」因為我這一番話，客戶就進房拿了六本存摺出來，跟我說：「秀苗！既然你能讓我罵十幾分鐘不回嘴、不為你們公司辯駁，表示你這個人還不錯，那你就幫我規畫吧！」當天下午，他就簽了一百四十幾萬元的保費！沒想到笑嘻嘻地挨一頓罵，不但讓客戶心情舒坦了，還幫自己帶進這麼多的業績。值得！這又再一次應驗了我的一句座右銘：**「服務做得好，業績沒煩惱」**！

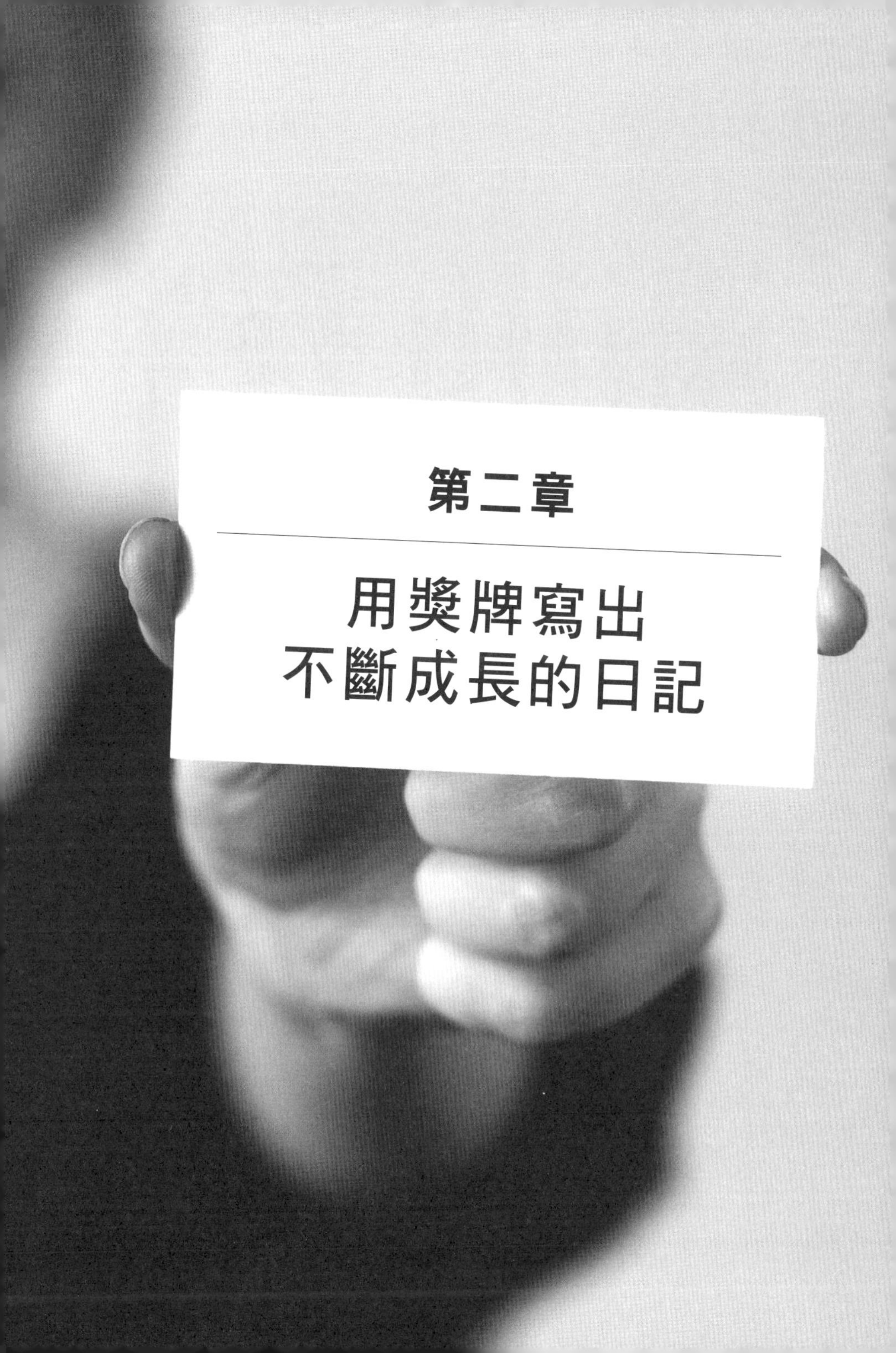
第二章
用獎牌寫出
不斷成長的日記

服務到位，價格無所謂

現在有的客戶會要求你退佣給他，也會比較商品價格。如果你希望傳達正確的觀念給客戶，讓他知道一張保單就是一世情，要怎樣才能讓他不會開口要求退佣或討價還價呢？靠的就是你平常的服務。如果你的服務已經好到讓客戶把你當成朋友而不是業務員，他給你業績時，絕對不會開口跟你要退佣。因為只有交易、買賣，才會有退佣的問題；如果是朋友、賣的又是他的需求，就不會有退佣的問題。所以才會說，服務若到位，價格無所謂；如果你的服務好，客戶不會想拿你的產品去跟別家保險公司比較看是貴還是便宜，而只會看你的規畫適不適合他、符不符合他的需求。

我的很多客戶後來都變成好朋友、好姐妹。只要我在競賽，他們就會主動詢問我需不需要在業績上的幫忙，他們都是用業績來相挺我，不計較價格多少，甚至逢年過節還會送花送禮物到我家。剛開始時我很驚訝，覺得這是我平常在做的事，怎麼變成是客戶在送我？像中秋節的時候，我還一直收到快遞寄來的、不知道是誰送的柚子，也問不到是誰送的；直到有一次，某個客戶在聊天時突然問我：「我有寄柚子給你耶，你有沒有收到？」原來，我一直白吃了好幾年的柚子，就是他送的。

在送出一張規畫書給客戶時，我都會告訴他，在現在的規畫架構下，他可以視需求增減金額；但是，客戶通常都只會增加不會減少，也不會在價格上有問題；**價錢無所謂是因為在平常的服務中，就已經建立起信任的基礎**。他們都知道，我在規畫時會為他們考量整體的條件以及負擔能力，為他們量身訂作，也不會因為缺業績就硬塞不需要的產品給他們；而且我會很中肯地告知他們，為什麼我要這樣規畫、我的想法是什麼。所以，當我端出我的規畫時，除非客戶已經有了某些產品，或者是我的規畫與他們的需求方向不一樣，否則他們很少會去刪減其中的項目，也很少會討價還價，因為如果真的符合他們的需求，他們都不會嫌貴的。最後，我還會讓客戶知道，決定權在他，我只是善盡建議與告知的責任。

其實，你**只要真的服務有到位**，**許多機會都會水到渠成**，**不需要強求就會自動上門**。有一個客戶就是這樣無心插柳來的。這位太太的鄰居剛好是我的客戶，因為她常常跟鄰居串門子、喝下午茶、看電視，而每次我去拜訪她的鄰居，她剛好都在；但都坐在旁邊沒講話，所以我只有跟她打過招呼，從沒跟她招攬過保險。

反倒是這位太太把我的服務看在眼裡，拿我跟她自己的業務員相比，對她的鄰居說：「為什麼你的業務員會對你這麼好，把你當成自己人？我的業務員只會來跟我說，你的保險還缺這缺那，或是哪個產品我們公司要停售了、要漲價了，你趕快買這個買那個；可是你的業務員從來沒跟你推銷什麼，她只是很中肯的告訴你什麼產品有什麼調整而已，從來不會催你要趕快買這買那。」

於是，這位太太就拜託鄰居打電話給我，說她的孫子當兵回來了，她想讓孫子跟秀苗買保險。當時我也很訝異，因為她平常在鄰居那兒遇到我，並沒有跟我特別熱絡，也沒講什麼話，而且她也有自己的保險業務員。後來她跟我說，她覺得被我服務會很幸福，所以就跟她的孫子說：「雖然你不認識秀苗阿姨，可是我讓她幫你規畫你的第一張保單，你就會幸福一輩子！」她的孫子後來跟我買了七萬多的重大疾病加醫療險。

也曾經遇過因為旁觀我對客戶的服務好，主動來要名片的陌生人。有次是在咖啡廳，我正跟客戶說明辦理房貸的事宜，說了好一陣子，隔壁桌的一位太太就過來跟我說：「請問可以跟你要張名片嗎？我聽到你們在聊天，你好像是國泰人壽的。」我說對，她說：「我可不可以寫個電話跟地址給你，請你來拜訪我？」

等我過了幾天去拜訪這位太太後，我問她：「我們素不相識，你怎麼敢讓我來你家拜訪，第一次就跟我買保險？」她說，聽到我跟我的客戶在談事情時，並沒有在推銷商品，反而處處為他著想，幫他想各種可行的辦法。後來，這位太太就幫她的小孫子，跟我買了保險。

所以**平時把關係建立好，把服務做好是最踏實的**。如果你平時都不服務，商品再好，客戶都不會跟你買；尤其現在的競爭那麼激烈，若不靠服務，只靠交情、靠轉介紹，並不容易。服務要做得確實，若是建議客戶換約、買產品，就要很清楚地告訴他利弊為何，絕對不能一味的推薦產品。若是你隱瞞客戶利弊得失，哪天換別人告訴了他，你就沒了誠信，客戶也不會再相信你。要經營一個客戶很困難，要得罪卻很容易。基本功，才是你的價值所在，平時就要施肥，才會有收割的一天。

心若改變，態度就會改變；態度改變，習慣就會改變；習慣改變，性格就會改變；性格改變，人生就會改變。

用自信來美容，用樂觀來養生

我因為沒有傲人的學歷與條件，一直都很缺乏自信。但是自從有一次被董事長級的客戶把規畫書砸到我臉上，叫我敢直視他時再去找他，我才深深地領悟到自信的重要，於是開始在家對著鏡子苦練，而且每天出門前也一定都對著鏡子大喊：「秀苗加油！你最棒！」自信可以說是最佳的美容聖品，比什麼化妝品都有效，客戶看到你有自信侃侃而談，展現專業能力，當然敢放心地讓你幫他做規畫。有自信的同時，也要有正面、樂觀的思考能量，才能去感染別人；當你把快樂跟別人分享時，快樂的程度會擴大、會乘以二；可是當你把不如意跟別人分享時，你的煩惱會減半、會除以二！所以我很喜歡跟別人分享我的快樂。試試看，如果你以充滿自信、樂觀的笑容去迎接每一天，一定會無往不利的。

二〇一一年我被國泰人壽推選去參加《商業周刊》舉辦的「王者大獎」。當時我乍聽到消息，第一個念頭就是婉拒，認為公司優秀的精英太多，一定輪不到我，我的資歷不過十年，還有更多二、三十年的優秀同仁；我想總公司的人一定弄錯了。所以一接到通知，我馬上從北投坐計程車飛奔到總公司，花了八百多元的車資，就是為了要跟總公司說，我不能接受、我還沒有準備好、我還不夠優秀！而且《商業周刊》是相當有公信力的刊物，怎麼可能輪得到我去參選!?但是總公司告訴我，副總指定的人選就是你！我怎麼推都推不掉。我心想，好吧，既然推不掉，那就全力以赴吧！

當時，王者大獎的入選者共有五位，每個人都要去參加十五分鐘的面試：包括三分鐘的自我介紹，十二分鐘的評審問答。一進場，為了引起評審的注意，我開口就說：「我，就是金獎得主！」果然每一位評審都露出訝異的表情看著我。我開始自我介紹，注意到評審們全都開始慢慢地抬起頭來、全神貫注的傾聽我的故事；一直到最後，有位評審對我說：「陳女士，你可不可以用一句話，讓我們評選你當王者？」

「捨我其誰？你怎麼捨得讓二度就業的婦女裹足不前？你怎麼忍心讓低學歷的人不敢進入社會來接受挑戰呢？」我慷慨激昂地說完這幾句話，六位評審全被我感動了，包括在座的記者朋友等人，也都給了我熱烈的掌聲。當時我非常有自信，覺得自己已不在乎是否得獎；不管得獎與否，我認為自己已經做到了，我就是王者！**真正的掌聲是來自於自己**，一個人如果不能自我肯定，外面的掌聲再多也沒有用，自我肯定才是一切。

賣的不是保險，是幸福

我常常告訴新人，你們不要一直認為自己賣的是保險「商品」，其實你們**賣給客戶的是「幸福」**。你們要把自己視為是在為客戶創造幸福未來的人，是在幫忙客戶去圓他們的夢想、滿足他們的需求、帶走他們的擔憂。若是客戶也認為你賣給他們的是幸福，他們當然會很樂意的配合，不會在乎價格，因為幸福是無價的啊！

我在國泰人壽工作的隔年七月，國泰剛好成立了金控。有天我走在回家的路上遇到一位太太，我拿了一張名片跟她搭訕：「大嫂，我們國泰成立金控耶，你是不是可以參考看看？你如果有定存，也可以存在我們這邊。」她問我一句：

「什麼叫作金控啊？」我說：「就是除了掃把沒有賣之外，其他跟錢有關係的業務我們都做啦！但是如果你想買掃把，只要打電話給我，我就幫你買了送過去！」

就是因為這麼有趣的一句玩笑話，這位太太說：「好吧，那你晚上七點來我家。」當晚七點我準時過去，這才發現她有三個兒子，老大、老二都娶老婆了，又多了兩個媳婦，剛好又生了第一個孫子。所以當天晚上，我就促成了二十年期二十幾萬的業績！

當我把保單送去給這位客戶的時候，剛好當時阿扁總統的孫子趙翊安出生沒多久，電視新聞一直在報導說總統的金孫如何如何。因為這位客戶的孫子跟趙翊安剛好同年，出生的時間也差不多，我就跟她說：「大嫂，我們沒辦法做總統，也沒辦法讓小孩做『金孫』，但是我們可以一起把他變成『鑽石孫』！」客戶聽了當然就很驚訝地問：「什麼叫『鑽石孫』？」

當時我們有個保險商品是二十年滿期的定期險，滿期金很高，叫「快樂人生」，還有一個是滿期後可以領年金的，叫「美意年年」；我就把這兩個產品搭在一起，建議客戶：「這個保單規畫後，每兩年就有二十萬年金可以領，滿期又有四百萬元可以領，滿期以後不用繳錢，還有二百五十萬元的保障，加上每年又有三萬可以領……這就是『鑽石孫』！」客戶聽得心花怒放，為了她的「鑽石孫」，當下就跟我簽了五十幾萬的保費！

這也是我利用時事做行銷的例子之一。因為現代人生得少，第一個孫子本來就很疼惜，而且長孫還有傳承的責任，所以我就利用扁孫來訴求，告訴她，金孫是別人的，鑽石孫是自己的。我很愛用新聞時事來幫自己做行銷，只要瞭解客戶、反應夠快，**新聞時事可以幫上很大的忙**；所以我很喜歡在晚上的七點到八點間去客戶家，因為剛好在播晚間新聞。如果看到發生車禍的意外報導，我就會說，對啊，如果只保強制險的話，只能賠償對方，自己受傷都沒得賠；如果看到關於家庭變故的報導，我又可以衍生許多話題，總之都可以把它轉到跟保險相關的業務上，讓新聞時事幫我輕鬆行銷、達成業績。

創造自我價值、提升專業能量

現在的社會變動很快，對保險業務員來說，想要創造自己的獨特價值，似乎又更加地困難。所以，我認為自己要一直不斷的去吸收新知，去上課、聽演講、瞭解時事，什麼東西都要有所涉獵，才能吸收到正確的知識傳達給客戶。我常常會很有信心地跟客戶說，要買什麼東西找我就對了，我一通電話就可以幫他們解決疑難雜症；在他們的心目中，都叫我字典、萬事通。就像我常勉勵新人：「**你得當一支萬能鑰匙，什麼鎖都能開！**」

也因為如此，我常會遇到客戶五花八門、奇奇怪怪的疑難雜症，雖然跟保險業務可能無關，但我一定會盡力幫忙。記得有一次，是幫一位客戶介紹律師，幫他打了三年的官司。因為這位客戶買的那片土地很奇怪，沒有買到路權，工廠蓋在裡面，外面只有一條小貨車可以進出的小路；貨車進出了十幾年沒有問題，直到有一天，唯一可進出的這條道路突然被封了起來！原來是因為這條路入口處的土地，由父母傳給了兒子，兒子繼承了這片土地之後，覺得這片土地本來是完整的，為什麼被從中間開了一條路，還讓人自由進出了一、二十年？於是決定把路給封了起來。

但是一封起來，不得了，事情就大條了！我客戶所有載貨的卡車都無法進出，而且原本在裡面的土地上蓋了很多間的工廠，都已經出租給別人，卡車無法進出，這些工廠也無法營運，於是一家家的退租！搞到後來，客戶只好開始打路權的官司。所以我就幫忙介紹律師給他，還去調空照圖、照相等等，前後將近一年半的時間內，我甚至還幫他去協調了三次，每次去就被新的地主罵，但我還是每次都去；到最後，地主終於答應，在他還沒有蓋房子之前，同意出租這條短短的小路給我的客戶，還答應重新鋪上柏油、加以拓寬，讓一、二噸的貨車可以進出。我客戶的那些工廠才得以重新出租、營運下去。

除了像這種疑難雜症之外，我也當過客戶公司不支薪的公關主任，幫忙協調一些對外事務。因為我一直不斷地去吸收別人成功的經驗，學習自己不會的、不懂的，才有能力去幫客戶解決他們的問題。有些客戶會跟我說：「你怎麼一天到晚都在上課啊？」我會告訴他們：「我是在幫你們上課，我花錢去學來跟你們講，比你自己去上課要來得輕鬆吧？」客戶會恍然大悟：「對哦！我怎麼沒想到這一點！」

保險商品是無形的，不像車子，可以比品牌、比CC數。客戶比得到價格，比不到價值，價值就是我們自己去創造的，你的價值是不是容易被取代，就看你平常有沒有用心去創造它、有沒有下工夫；**懂得愈多，你的自我價值就愈高**。但是要注意，知之為知之，不知為不知，不能因為客戶信任你就瞎扯亂掰，不懂的事情還是要求證之後，再明確、正確地回覆客戶；否則客戶可能會因為你的誤導而判斷錯誤、甚至造成損失，這都是我們賠償不起的。

「得到」你想要的結果，「學到」你要不到的經驗

我常常會遇到新人跟我說：「秀苗姐！我可以跟你學行銷嗎？你可不可以教我行銷？」技術可以教，但是行銷其實沒辦法教，因為許多行銷的東西是實務面的，都要去練習，因人而異；我常比喻，行銷像水，裝在什麼容器中就像什麼，用在每一個人身上都不一樣。很多新人往往出去跑客戶的目的就只想拿到業績回來，但我都告訴他們，只要出去，就一定會學到東西回來；如果對方沒有跟你簽約，那一定是其中還有你沒學會的東西，比方你還沒有講到客戶想要的需求。出去一定會有兩種結果：**不是得到業績回來，就是學到經驗回來**。但是如果沒有出去跑，就什麼都沒有。出去遇到問題，回來才能解決，最壞也不過就是像現在這

樣，什麼都沒有；只要再試一次，總有一天會成功的。

我記得自己剛當新人一個月時，有次主任叫我去一間士林區的磁磚代工廠收費，跟我說這間工廠的董事長，每個月二千一百七十幾塊的保費，都一定要等到最後一天才讓我們去收現金。我去到那兒收費時，拿了一張名片給董事長的秘書，解釋我是誰，我的主任叫我來收保費等等；因為董事長的辦公室跟外面的辦公室間是以一面透明的大窗戶隔開的，所以我有注意到，裡面的董事長有往外看，並且有聽到我在外面的自我介紹。

秘書小姐於是把我的名片遞進去給董事長，董事長隔著窗戶往外看了我一眼，就開始撕我的名片，故意大聲說：「我又不認識她，收什麼錢!?叫她們主任有空再來收！」然後把我的名片撕得粉碎，扔到垃圾桶裡面。秘書小姐只好很尷尬的出來跟我說：「陳小姐，我們董事長說叫你們主任有空再來收，因為他不認識你，不能讓你收。」

我看在眼裡，知道董事長是故意給我難堪，要趕我走，於是我說：「好啊！沒有問題啊！但是呢，因為我沒有收到錢，請你們董事長把名片還給我吧！」秘書小姐愣住了。我又說：「請你進去跟你們的董事長說，陳小姐說沒有名片不走，因為你沒有讓她收到錢，她要把名片收回去。」秘書小姐只好進去跟董事長說，董事長勃然大怒，居然丟出十元說：「這十塊錢給她，一張名片十塊錢夠了吧！叫她趕快走啦！」

當時我十分冷靜，也沒有生氣。那十塊錢拿出來時，我找出九個一塊錢的零錢，再加上一張名片，跟秘書說：「請跟你們董事長說，一塊錢可以買兩張名片，因為我沒有五毛零錢可以找他，所以找他九塊錢再加上一張名片給他。」秘書小姐又愣住了，只好用手托著那九塊零錢加上一張名片，拿進去給董事長，說：「陳小姐要找你九塊錢跟一張名片。」

這時，董事長顯然被我的九塊零錢跟一張名片嚇了一大跳，突然發現我跟別的業務員不一樣，不是揮揮手叫你走就可以打發的那種乖乖牌，於是他馬上就追出來喊：「陳小姐！陳小姐！」而我已經走出門了，我回頭說：「我已經跟別人約好了，我還有事，你的錢我不收了！」沒再理會他就揚長而去。

沒想到，這位董事長居然打電話到公司的〇八〇客服專線，指定要我再去收費，他每天打每天打，我不去就是不去。一直到經理來跟我說：「秀苗，再不去收費客戶就要被墊繳了，他一直打電話來要你去跟他收費，你就趕快去收一下吧！」我才又去收費。再見到那位董事長，我問他：「董事長，你的工廠開那麼大一間，你難道沒有業務員嗎？」他說當然有啊！「那你為什麼看不起業務員、對業務員這麼無禮？你們公司生意這麼大，靠的也是這些業務員啊！如果你們的業務員出去跑業務，也被人家撕名片，你做何感想？」他自知理虧，趕快道歉說：「陳小姐，別生氣啦！」又對外頭喊：「秘書啊！趕快泡咖啡來啊！」一直勸我喝杯咖啡消消氣，態度跟之前相差了十萬八千里，而且當下就要我幫他規畫家中的保單，也簽下了二十萬元的保費。後來我們變成了很好的朋友，到現在，他雖然已經遷廠到大陸，但每次只要一回台灣，一定會來找我，請我幫他看看還有沒有缺什麼產品、要我給他建議；他現在的年繳保費，已經超過一百萬了！

如果當時我因為被客戶羞辱，哭著出來或者落荒而逃，結果恐怕完全不一樣，所以千萬不要自己看輕自己。與別的業務員有所不同的是，**我一向不認為客戶最大，要互相尊重**；因為我要付出我的心力去幫你規畫，我懂的你可能不懂，我會的你可能不會；所以我常跟客戶說，賺錢我輸你，但是規畫你輸我，我們一樣大。秉持著這個心態，你在出去跑客戶時，才能「得到」你想要的結果，「學到」你要不到的經驗！

體力不足，我用毅力克服；能力不足，我用時間克服。

同理心：感同身受、發自內心的真誠對待，才是真正的服務

我常常告訴新人，要用同理心去幫客戶著想，對於客戶的遭遇或問題，要站在他的立場感同身受，你才會發自內心的為他設想；只有真誠的對待，客戶才會真的感受到你的真心誠意，從內心深處認同你、感謝你，這才是真正的服務。

我有一位很要好的客戶是醫院的主任，我剛進公司還不到一年就認識她了。當時，她主動打電話到公司，要幫即將去大陸工作的老公買意外險；但意外險的業績很少，所以那時沒有業務員想幫這個忙。剛好她工作的地方離我家比較近，主任就叫我去。我打給這位客戶，她請我直接去她家中幫她老公寫保單；我見到她老公，大約四十幾歲的年紀，於是建議他們，其實單買意外險不一定用得到，

應該要跟住院醫療險一起買，因為大陸的環境衛生條件或許不是很理想，所以買住院醫療險應該是比較實際的考量。我跟客戶進一步解釋，意外發生的機率，跟被雷打到的機率可能差不多，但是因飲食不衛生而生病或被傳染到疾病的機率，相較之下發生的機率更大。所以，客戶就同意照我的建議，購買了住院醫療險。

就這麼巧，過了一年，客戶的老公得了腎結石需要開刀，她所購買的醫療險剛好可以理賠！接下來的七、八年中，也都因為當時購買的醫療險，陸續申請理賠了好幾次。因此，她很感謝我當時的建議，也很信任我的專業，不但把小孩的保險都交由我來規畫，也幫我介紹了好幾個客戶。

這點也是我常常告誡自己，萬一客戶發生事情要理賠時，雖然是因為你之前有幫他規畫、給他建議，他才能夠理賠，但是你絕對不能夠因此而邀功，不能跟客戶說：「你看！當初就是因為我有幫你規畫，你現在才可以理賠！」這是不對的，這麼說的話，你會變成是幸災樂禍，而且你雖然有建議，決定權還是在客戶。所以正確的說法是，你要跟客戶說：「當初你想得夠長遠，還好你有買，所以你的決定是對的！」**讓客戶覺得他所做的決定是對的，不會因為我們邀功而產**

生反感。同時，客戶一方面也會打從心裡感謝我們的建議，日後對我們的專業也會更加的信任。

我跟這位客戶，後來就成了好朋友。就在前兩年，短短四、五個月之中，她接連失去了至親：弟弟走了，沒多久，媽媽也走了。為了減輕她的哀傷，我一路陪伴著她，不但幫忙她完成許多複雜的法律程序，甚至還請假陪她去聽演唱會、看電影。她問我：「你為什麼要為我做這些事？」我只跟她說一句話：「朋友不就該如此嗎？」當下她就紅了眼眶。

我常常以同理心去幫客戶著想，所以會去做一些可能一般人會覺得莫名其妙、無法理解的事情。比方我考慮到客戶一大早要去醫院掛號，可能早上要載小孩上課、處理家務會來不及，所以我就會一大早七點多，跑去醫院幫客戶抽號碼牌掛號。別人會跟我說：「你做保險需要做得這麼辛苦嗎？」可是我認為那沒什麼啊，我只是早點出門、舉手之勞而已；不過為了怕客戶錯過看診時間，當天我就會開著電腦看那一科看診到幾號，再打電話提醒客戶：「現在看到幾號，你差不多要出發囉！」如果他們去看的是比較重大的病症，又希望我可以陪伴的話，那我可能就會陪著他們去看診。所以我可以說是把大部分的時間都花在陪伴客戶上，剩下的時間才在做保險呢！

讓客户覺得他所做的決定是對的，不會因為我們邀功而產生反感。

關懷心：真心關懷，無關利益、不求回報

說起來，我自己平常的花費很省，但是我對客戶很大方，因為我認為我賺的錢取之於社會，也應該用之於社會；所以我很捨得，只要看到客戶有需求，我認為錢能解決的都是小事。我也常告訴大家，既然我們賣的是目標、是夢想、是幸福，就應該真心地去關懷客戶的需求，以無關利益、不求回報的心態去服務他們。

相較於其他的業務員，其實我並不常送禮，客戶一年頂多收到我一、兩次的禮物；當然我去客戶家拜訪時，都會帶點伴手禮，但也只是一些小東西。送禮物當然不難，但是要送到讓客戶感動、送到他的心坎裡，也送到讓自己覺得又有意

義又值得，其實並不容易。

我印象很深刻的例子是，有一位家庭環境不是很好的客戶，老公是清潔隊的隊員，家裡還有兩個小孩，房子也是用租的；所以她跟我買的保險並不多，整年度下來繳的保費不到三萬元。但是我並沒有因為她的保費少，就不當回事，反而認為她的家庭更需要我的幫助。五、六年前，有一次快過年時我去跟她收保費，發現她的老公跌倒了，一下子沒了收入。我看到她家的兩個小孩，穿的外套都是舊舊的，而且袖子都已經變得很短。因為自己家裡有三個男孩，知道小孩長得很快，所以過年都要換新衣。那時我只問他們說：「弟弟，你們幾年級？」知道他們一個是四年級、一個是六年級。

當下我也不吭氣，就跑去士林夜市，花四千多元幫他們各買了一件外套、一件毛衣跟一雙鞋子。送去他們家時，兩個小孩居然抱著我哭：「阿姨！你怎麼知道我們沒有買新衣服？」原來他們從去年開始，就沒有買過新衣服了。我也紅了眼眶，心中感觸頗深。我心想，每年我不都這樣買新衣服給自己的孩子，但是他們從來都沒有這麼感動過，因為他們不缺啊！

現在我去他們家，兩個小孩都已經高中畢業了，一個已經半工半讀在念大學，可是那些衣服都還好好的放在衣櫥裡面。我每次去，他們就拿出來給我看說：「阿姨，你看！你買給我們的衣服我們都已經穿不下了，可是捨不得丟，因為你買的外套真的很好！」他們的爸爸，從之前跌倒到現在，已經無法工作了，家裡靠社會補助在過日子；說起來，他們並無力負擔保險，但是我跟大兒子說：「沒關係，等你大學畢業可以自己賺錢時，還是要自己買保障。」沒想到他跟我說：「阿姨，我已經在兼家教了，請你幫我買意外險；我爸爸就是因為當初沒有買意外險，跌倒受傷到現在，什麼都沒得賠，我們的生活也愈來愈苦。」當下我感動到流淚，覺得這個孩子是真的有在想。所以我就送了他二百萬的意外險，跟他說：「這個保險阿姨送給你，不用錢，因為我認為你有需要；你現在繳不起沒關係，等到你畢業繳得起的時候，你再付費給阿姨就好！」

真心的關懷不止是無關利益，而且也是不求回報。話說有一年，我因為負責中正高中的學校保險，就想幫學校辦一些有意義的活動，所以舉辦了一個哈姆立克急救法的講座，請紅十字會來教大家三分鐘急救法、口對口人工呼吸、哈姆立克急救法等。下午四點半結訓後，我騎著機車到石牌商城，正要停機車時，剛好就在路邊看到一個小朋友，臉都黑了，他的阿嬤一邊在拍他的背，一邊說：「趕快吐！趕快吐！」看起來小朋友是被噎到了！

我趕緊停好機車，馬上反應要用今天教的哈姆立克急救法來幫他急救。我當下就馬上現學現賣，把小朋友抱起來如法炮製。果然，他馬上把十元硬幣跟剛吃下去的雞排全都吐了出來。原來，這個小朋友一邊吃雞排，一邊不知道怎麼搞的，把手上的十塊零錢一起吞了下去，就噎在喉嚨，臉已經發黑了；他的阿嬤不知道怎麼做，也不會叫救護車，只會一直拍他的背。後來那個阿嬤，連一句謝謝也沒說，還在地上找那個吐出來的十塊錢，一邊拉著她的孫子叨唸著說：「你看你看，多可惜啊，雞排都被你吐掉了，以後不買給你吃了！」她沒想到她的孫子有多危險，差幾分鐘就沒命了！我還趕快去便利商店買一瓶水給小朋友喝，讓他漱漱口，看到他的臉回復了血色，我才安心離開。

這是我常在客戶家分享的一個經驗。很多的意外是因為別人的不小心，造成自己的傷害及損害。但是一個人在那麼危急的時候，身邊的人卻看不出他的危急性；若是當我自己有危險時，我身邊的人是不是能意識得到呢？所以我認為，**保險業務員也應該要盡可能的去學習所有的技能，因為不知道什麼時候會派上用場**。像我幫助了這位小朋友，是很直覺的去幫助我覺得需要被幫助的人，並非為了業績，而是出於一種無關利益也不求回報的關懷心。

感恩心：珍惜能付出的機會，就是幸福

因為小時候是苦過來的，我永遠記得要煩惱每天有沒有飯吃的那種擔憂、要伸手向別人借貸的那種痛苦。所以當有能力幫助別人時，十分珍惜能付出的機會，覺得**能付出就是一種幸福**，**要好好地珍惜能付出的機會**。因為自己足夠了、有多餘的，才有能力去付出、去給別人一些。

一位客戶有天突然打了通電話來，說他的鄰居遭遇家庭變故，想請我過去幫忙辦理理賠事宜。我馬上趕了過去，才知道，客戶的鄰居是一對老夫妻，兒子跟媳婦因為喝農藥自殺，都已身故，剩下一個孫子，也因為喝下農藥導致食道被灼傷，正在住院中。老夫妻記得有幫兒子買過保險，想請我幫忙看看可以理賠多少

錢。我回來一查，才發現原來兒子因為無力繳交保費，保單早已解約了，根本無法獲得任何的理賠！

雖然為這對老人家感到十分心痛，我還是得跟他們說明。老夫妻流著淚說，原本以為有一筆理賠金，還可以拿來負擔孫子的醫療與復健費用；現在一切落空，不知道以後的日子要怎麼過？

我聽了，心裡也十分難過；於是我一邊幫忙老夫妻去申請社會局的急難救助，一邊決定自掏腰包，每個月給他們一萬五千元來補貼孫子的醫藥費。後來，阿公離開了人世，沒過幾個月，孫子也因為敗血症走了，只剩下老阿嬤一個人。我除了固定給阿嬤生活費之外，還常去探望她，就連出國，也交代她的鄰居幫忙照顧她。現在為了讓她有人照顧，我已將她安置在安養院中；沒想到，阿嬤為了想感謝我，居然說要把她的房子過戶給我！我當然婉拒了，對我來說，能為需要被幫助的人付出就是一種幸福，並不是為了她的房子才去服務她啊！

我是一個很容易滿足的人，需求並不多，想要的也不多；我很努力的賺錢，但是並沒有那麼看重金錢的價值，也沒有多餘的花用在自己身上。我認為錢要用在刀口上，也就是用在有需要的人身上，才有它的價值。所以當我有能力回饋社會時，因著我對老人的特殊情感，我選擇回饋給他們。

我對於老人的感恩心，其實是來自於小時候的經歷。以前媽媽生弟弟時，弟弟因為媽媽奶水不足，所以吃不飽，每天晚上都哇哇哭號；那時，隔壁的阿婆聽到弟弟一直哭，就過來關心媽媽怎麼了，後來發現是因為弟弟吃不飽時，於是每天端一碗米湯過來給弟弟吃，弟弟這才不哭了。所以，日後當我開始有能力可以回饋社會時，特別對老人家心存感恩，於是長期認養獨居老人，假日幫他們洗洗澡、整理環境，照顧他們的起居，希望能夠略盡一己的棉薄之力，讓他們從此衣食無慮、生活有靠。別人認為我是在行善、在付出，但是對我來說，看到他們的快樂與安心，卻讓我覺得自己才是那個收穫最多、最滿足、最幸福的人！

使命必達的服務，永遠超越客戶的期待

我常問新人一個問題：「客戶如果跟你說，我想要一個花瓶，你會去買一個什麼樣的花瓶給他？」他們大概會有三種情況，第一種是去幫他買一個自己覺得外觀還可以、價格也在預算之內的花瓶；第二種是會先問他要拿這花瓶來做什麼？是要插花用、還是要觀賞用？第三種是會先問他，希望這花瓶的材質是什麼做的？是要玻璃的、水晶的、還是陶瓷的？是會放水的、還是不需要放水的？經過不同問題的詢問，買回來的花瓶，一定是不一樣的。

如果客戶問我這個問題，我一定會先去思考，他開口問我這個問題的用意是什麼？有的客戶很客氣，他要的東西比較多，但又不好意思直接開口跟你講，他

可能會說，有就好了；那你就要多問他一句：「你要這個東西的用途是什麼？」如果他是要送人用的，你就要再問他：「你們的交情到什麼程度？」如果是為了感謝對方，就跟因為要送禮而送禮的目的不一樣。**要服務到超越客戶的期待值，就要觀察入微、使命必達**，而不是因為他開口請你服務，你就隨便搪塞他、應付了事。

做保險的門檻不高，但是要定著下來有相當的困難性，靠的就是對客戶的服務要生根到位；所以我會一直給新人機會，建議他們先有半年的生活費再來學做業務，不要因為家裡需要這份薪水去生活，一心急，就會因為需要業績而硬塞不需要的產品給客戶，這樣服務的品質就不會好。保險是在帶給客戶幸福的規畫，應該要為對方量身訂作；但是你規畫的這張藍圖，是真的符合客戶的需求，還是你依自己的想法去硬塞給客戶？有時剛好遇到競賽，需要雙倍的業績，你會不會因此而違反自己的原則，建議客戶的內容其實並不是他真正的需求？如果你連基本的服務原則都無法掌握，那就更別提要做到超越客戶期待的服務了。

我一開始買保險時，只是想轉嫁意外的風險，認為萬一出了什麼事故，自己無法承擔；後來從事這個行業，我把這個觀念帶給所有的客戶，因為我知道病痛是無法預知且不能等待的，醫療費用足以拖垮一家人，所以客戶的醫療險一定保足，其次才是儲蓄險。這是我為客戶規畫的原則；我賣的是需求，不是在推銷，我要讓客戶跟我一樣，買的是需要的東西。本著這樣的想法，我在客戶要簽名時，甚至還會叫客戶再想一想。

如果我端出了規畫，結果沒有成交、被拒絕時，第二天不是再去談我一定要賣他這個保險，而是去瞭解對方為什麼不要的動機，我會反過來，誠懇地再去詢問客戶：「我認為這是你的需求、你的目標、你的煩惱，為什麼我沒辦法幫你實現你的目標、拿走你的煩惱？是不是我講的讓你聽不懂，還是你有更好的選擇？請你告訴我，讓我好改進，日後才能提供客戶更好的服務。」其實當我這樣詢問時，客戶反而都會很訝異，為什麼我跟別的業務員不一樣，不會一直窮追不捨，反而會回過頭來詢問他們原因!?

當我詢問，是否我們可以一起共同來解決他的問題時，通常客戶的回饋都會給我意想不到的收穫；他們會老實的告訴我是哪些地方有問題：有的是金額太小，有的是金額太高，有的是他目前無法負擔，但他不好意思告訴我，就會一直推託；我會跟他們討論，可以用什麼方法幫助他們用最少的錢去達到最高的保障，或者會跟他們說，沒關係，等他哪一天方便了，再跟我講一聲，我們再來調整他的方向就好。很平和、很理性的溝通，會給客戶留下良好的印象，等到他負擔得起、或是他真的有需要時，就會來找你。這種做法，就是在為日後的服務墊定基礎，不但要做到使命必達，還要永遠超越客戶的期待！

人生是一場馬拉松，要具備百米的衝刺能力，也要具備「耐力」與「實力」。

人生沒有彩排，永遠不能重來

人生的八點檔，是靠我們自編、自導、自演，它沒有劇本，但是天天要上演、時時要精采。過了現在，我的心境轉換可能就又不一樣了，把握現在是最重要的。我常提醒自己，任何時間，都要讓你的人生八點檔繼續演下去，直到完結篇時仍光鮮亮麗，讓大家印象深刻！

壽險的產品是無形的，沒有鑑賞期也沒有試用期，無法像一般產品，還可以試用看看，不合再退貨。所以身為保險業務員，要幫客戶長久規畫，不要讓客戶覺得他買的只是商品，而是一種可以幫助他來完成夢想的標的物，否則他不會覺得這項規畫在當下對他有多麼的重要。我也常常跟客戶說，你現在考慮的都是重點、都是對的，若換成我站在你的立場，可能也是這樣想；但是你有沒有想到，萬一有一天你有錢了想買，你的身體狀況卻已經不允許了，你可能會被拒保！倒不如趁現在，先用小額的預算去擁有它，再用每五年可增購二〇%的條款，來達成你本來想要的額度；或是可以把二十年延成三十年，用同樣的價錢提高你自己的保障，等你有能力時，也可以縮短年期。這些都是可以變通的作法，不一定要等到你有足夠的預算，才能擁有這項權利跟保障。我都會語重心長的勸告他們，時間不等人，意外也不等人，我們都不能控制，人生永遠不能重來。

我的大兒子就是一個活生生的例子。因為公司規定學生住院只能買三千元的日額保障，所以老大大學畢業時，我也只給他買了三千元的醫療險；誰知道他六月畢業，經過短短的兩個月，到八月時就發現得了惡性皮膚腫瘤！我到現在還悔不當初，責怪自己為什麼沒有在他一畢業、脫離學生身分時，就把他的醫療險與重大疾病險的保額提高!?所以，他現在的保險雖然不足，但什麼都無法再買了。也因為有這個教訓，老二、老三的各種重大疾病、防癌險等，我都幫他們買得很足夠，保額也不斷地在增加。但是老大的保險，我只能在他原來的保障中，以每五年增加二〇%的方式去增額；但是有的項目，已經因為罹癌豁免保費而不能再增加了。身為保險業務員，我對於公司的保險規定十分清楚，更不可能去作假或逾越規範，只能說我永遠愧對他，永遠心痛自己沒有把握當時可以幫他提高保額的機會，現在也沒有辦法再重來一次了！

所以我常以自身「永遠的痛」來勸告客戶，當你想要購買的時候，你的身體不一定可以配合；最簡單的例子就是BMI，指數超過30時，醫療險與重大疾病都不能買，短期理賠也一定會去查兩年之內的病歷，規定是很嚴格的，所以還是這句話，買保險要趁早，愈早買保費愈便宜，身體也處於最佳狀態，把握當下才是最聰明的選擇！

堅持「五要」的態度：願要大、心要細、志要堅、氣要柔、足要勤

我常以「五要」的基本態度來與新人共勉，希望大家時時以這「五要」——**願要大**、**心要細**、**志要堅**、**氣要柔**、**足要勤**——來自我要求、自我訓練，才能在漫長的挑戰之路上，培養起完整的素質、自我激勵的動力、堅持到底的耐力與不屈不撓的毅力。

首先，願要大，期望自己做到最好。比方我們在做業績競賽時，很多人都不敢跳出來，但是我都是第一個跳出來當領頭羊，因為我的願都很大，希望不管是做什麼，一定都要是做到最好的那一個。我們一年有三次競賽，就是高峰會、四五連動、八九連動，都是比賽月，在這些競賽中，我常常會自願擔任隊長，與

其他的菁英隊對抗；我希望激勵自己帶的這個團隊一起去突破、創新，既然當了隊長，表現總不能太難看；另一方面，隊員們的表現也會同時激勵我自己。這種團隊的表現，要能幫助到大家，像林書豪那樣助攻才有效；你要會助攻，團隊才會好，一個人好不算好。因為林書豪的關係，我才恍然大悟；其實我到各單位去分享、提高國泰的市占率、激勵大家，也都是在助攻。

願要大，也要勇於接受挑戰。很多人在面臨有機會晉升時，尤其是女人，常常都因為怕責任太過於重大而選擇放棄；可是，我就是這麼笨，只要人家要升我我都說好，沒問題，所以來到公司兩年八個月，我就接受晉升為業務經理！當了五、六年的業務經理都沒有再晉升，有一次我就跟管理階層開玩笑說：「你們難道除了業務經理以外，都沒有職位可以晉升了嗎？我這個位子已經待太久了！」

沒想到不久之後，公司就創了一個新職務出來，叫做行銷總監，達到業績的業務經理可以晉升為行銷總監，我就是第一批候選者。我的想法是，既然自己有能力，為什麼不去挑戰看看!?很多業務員有機會晉升卻總是拒絕，說他要調降、要維持現狀，我就會跟他們說：「你們看看總公司那些內勤人員，為了要晉升，要多麼努力才能讓人家看得到他們的工作能力？而你們只要業績達成就有機會晉升，為什麼不試試看！」

再來，心要細，要知道客戶的需求點在哪兒，要去觀察、分辨客戶是真拒絕還是假拒絕；有的客戶是假拒絕，因為你的規畫可能不是他要的，牛頭不對馬嘴。所以你要很細心的去體會客戶的需求在哪裡，而不是硬推商品給他。比方現在美金很夯，但是你剛購屋，目前的需求可能只是要顧好一家人的保障，我總不能叫你一定要買美金商品來存錢；所以我能做的，就是讓你的保額不要低於你的房貸，讓你的家人有足夠的保障。客戶很多的「眉角」需要細心體會，而不是你一直強求就有用的。

志要堅，堅持你會的、堅持你要的，而且要堅持到底，不可以推卸責任，也不可以洩氣。比方說，我這個月的業績成長速度比以往來得慢，因為之前接了許多演講，所以跟客戶互動的時間相對就變少了，沒有時間去深耕客戶，像以往一樣針對他們的需求去幫他們做深入的規畫；所以這段期間，我的客戶群沒有辦法生根，客戶的人脈有了斷層。直到前週，我的業績還是掛零；但是經我堅持到最後一天不氣餒，終於在最後三天「逆轉勝」！就那麼剛好，有一位客戶提早了三天從關島回臺灣，一下飛機就馬上通知我可以簽約了，讓我不但達成業績，還達成創新的目標！對我來說，堅持到底是一定要的，我**不說負面的話，也不洩氣，不管怎麼樣都一定堅守自己的崗位，一直奮鬥到最後一分鐘**。如果最後的結果不如預期，也沒關係，現在這個階段沒有，不代表永遠沒有，我只是在累積下一個階段的能量。所以往往因為我的堅持，反而讓客戶覺得很感動。

氣要柔，要心平氣和地去瞭解客戶的委曲。很多時候我們會受客戶的氣，但是要如何先調整好自己、跟客戶心平氣和的溝通？當你靜下心來去瞭解時，可能會發現不一定是客戶的問題，而是其他的原因造成客戶滿腹的委曲。比方公司的業務員可能換得太勤；試想，如果每次來收費的人都不一樣，客戶就得重新自我介紹、重新讓業務員瞭解情況、重新互相調整適應，很累啊！換成是你，你會不會唸上兩句？所以站在客戶的立場去設想，你才會瞭解客戶會生氣，往往是有原因的，而不是無理取鬧。那麼，你就要心平氣和地讓他把心裡的不滿抒發出來，幫他解決他的不滿與問題，他才會繼續當你的客戶，否則他早就轉成別家公司、別的業務員的客戶了，不是嗎？

足要勤，就是勤勞的去經營我們服務的基本功、勤於拜訪客戶。

所以這「五要」的基本功：願要大、心要細、志要堅、氣要柔、足要勤，對於一個業務員來說極其重要，除了自我磨練、自我激勵的作用外，對於經營客戶也有極大的助益，如此一來，很多客戶會因你如此的自我要求而被感動，願意留下來當你永遠而忠誠的好客戶。

成功是一把梯子，雙手插在口袋是爬不上去的。

風雨無阻的好學生：閱讀救自己，學習最幸福

我國中剛畢業時，就到桃園的電子公司，白天上班、晚上讀書，考上了桃園育達商職的夜校。可是只去了第一天的開學、上了一天的高中就被阿嬤捉回家，因為那時候的觀念是女孩子要幫家裡工作、賺錢，不用讀什麼書，反正以後都是要嫁人、讀得再好都是別人的。雖然我日後努力的學習、勤加閱讀，但是沒能繼續升學，成了人生最大的遺憾。

我認為有些事情是可以由自己去努力達成的，比方能力、成就；唯獨學歷，是不能夠由自己去創造的。我走入保險業最大的心理障礙，也是很怕別人看不起我的學歷；一旦人家詢問我的學歷時，我就開不了口，說自己只有國中畢業。所

以我告訴自己，有機會一定要把學歷補起來。當然有學歷不代表有能力，如果沒有學歷但有能力可以做老闆、闖出一片天，別人當然不會看不起你，會說沒學歷沒關係；可是如果你的業績不上不下，沒辦法做出一番成績，別人會認為你是因為學歷差、沒讀書，書讀得那麼少，人家哪敢給你規畫!?

讀書是我長久以來的心願，同時在備受年輕一輩的刺激後，愈發堅定了我的求學之心。我的兒子們有念到大學畢業、也有念到研究所的，有天跟他們聊天時，他頂了我一句：「啊！這你不懂啦！你怎麼會知道大學的生活!?」那時我心想，為什麼我可以供孩子念到大學、念到研究所，我自己卻不能融入他們的話題，讓我們之間的代溝愈來愈深？我決定要去瞭解年輕人的想法，所以我開始用MSN、即時通、臉書，也知道火星文是什麼，透過不斷的學習，才能跟得上時代、跟他們溝通；我也不斷的告訴自己，總有一天我要去讀書，不要讓孩子看不起我、跟我有斷層。

其實在好幾年前，我的主任就曾經帶著我在台北市尋找我可以去就讀的學校；因為當時找得到的學校都是夜間部的在職進修課程，一個星期要上五天課，我因為晚上通常要跑客戶，沒辦法去，所以後來就不了了之。過了幾年，剛好有一天我坐上往承德路方向的公車，看到有學校廣告週末班的在職進修，我如獲至寶，馬上跟司機說我坐錯車了，我要下車！於是我馬上衝下車，看到志仁高中的指示牌指向一條巷子，我又趕快衝進巷子裡，看到當時學校裡一位正在值班的楊主任，我問他：「我可以來讀書嗎？」他說可以啊，我當時太過興奮，還好傻的拿我的名片給他；結果他一看，行銷總監要來讀書!?馬上很緊張的跟我說：「請你等一下，我請校長跟你面試！」所以，我是經過跟校長面試後才去就讀的。

二〇〇九年九月一日，是我高中生涯的第一天。重新當學生的第一天，我興奮到睡不著，還告訴兒子說：「兒子，我有同學了耶！我有老師了耶！」第一天坐在教室裡，班長喊：「起立！敬禮！老師好！坐下！」那種當學生的感覺，說有多幸福，就有多幸福！全班年紀我最大，連老師都叫我秀苗姐。週末班一天有十一堂課，每週六、週日都要去上課，但是我非常認真，上課從來不打瞌睡，有問有答，謹守學生的本份。而且除了出國之外，我從來不缺課，風雨無阻，非常珍惜上課的時光。一般的學生是因為讀書而讀書，而我是因為自己想要才去讀，這種幸福讓我備感珍惜，這種學習讓我的人生更加圓滿的感受，是其他人無法體會的。

我一直很享受讀書的樂趣。雖然我的成績一直名列前茅，每年都還可以申請國泰的獎學金，但我在意的並不是成績，能繼續當學生已經讓我心滿意足了。後來升上了二年級，校長認為我的品格值得大家學習作為楷模，還讓我去幫所有一年級的學生上品格教育的課程，他就坐在教室後面旁聽，對我的表現十分滿意。今年六月份，我就正式高中畢業了，但是我當然不會以此而滿足，申請大學是我下一步的規畫！

經歷了這許多，讓我深深感受，成功這把梯子，雙手插在口袋裡是爬不上去的。我一路胼手胝足的走過來，幾乎什麼苦都吃過，再怎樣的磨難，我都是真的把「吃苦當成是吃補」。所以我從來不覺得做保險很辛苦，反而很慶幸自己選擇了它，也因此豐富了我的人生、接觸到很多人事物，學習到更多的知識跟智慧，可以幫助到更多的人，而不止是自己的家庭而已。所以我也從不抱怨，我相信老天爺是看我有這樣的實力，才會把這樣的責任交給我，我常說老天爺每天都在發考卷給我，不同的考卷、不同的難題，看我是不是能通過考試、順利畢業。

所以當我遇到許多遭受挫折而想放棄的新人時，就會以自身的遭遇來與他們分享，告訴他們，**生命的挫折不是盡頭，而是該轉彎了**；站起來轉個彎、換個方向、改變你的想法，未來只會更美好。當初如果不是蜜餞工廠搬家了、我被迫要去找工作，今天我還是在做家庭代工的家庭主婦。生活是燈、工作是油，若要燈亮，就要靠自己加油！

第三章

命韌不怕運來磨

窮得連布鞋都穿不起

我出生於南投縣名間鄉山上，一個地名叫大車路的小村莊。爸爸排行老二，有四個兄弟，所以我阿嬤總共有十六個孫子。由於阿公很早就過世了，因此我們這個大家庭，是阿嬤在當家作主。我是最大的孫女，上面還有一個堂哥。而我們家有三個小孩，我是大姐，下面有兩個弟弟。

小時候日子過得很苦，因為山上的茶葉沒有辦法賣到什麼好價錢，只能打著「凍頂烏龍茶」的名號去賣，生活非常非常的苦。記得那時候，最盼望的一件事就是過年，因為阿嬤的姐妹有嫁到城市裡的，她們小孩穿不下的衣服，阿嬤會把它們拿回來分給大家穿，看誰套得進去，那件就是誰的；所以那時候只有在過年時，才有新的衣服——其實也是二手衣可以換穿。

因為沒有鞋子穿，我永遠是赤腳去上課。等到老師要檢查鞋子時，就會去隔壁班借一雙鞋來，小心翼翼的套一下，等老師檢查完，再趕快拿回去還同學。一直到國小畢業，阿嬤才給我一雙黑色的塑膠鞋，可是當時太傻了，捨不得穿，只有每次帶去給老師檢查完，就脫下來小心保存；所以等到真正想穿時，已經穿不下，只好留給堂妹她們穿了。一直到國中畢業，才真正擁有一雙屬於自己、可以上街的鞋。

小時候很苦，日子也過得相當忙碌。就讀中山國小的六年，我幾乎沒怎麼去學校上課，因為都在幫忙採茶，是個名符其實的採茶女工；如果是農忙的季節，根本沒有辦法去上學，因為阿嬤不准我們去。學校老師、主任也常常來我們家，關心我為什麼沒去上學；但是我阿嬤會跟他們說，因為茶葉的採收是有時效性的，我一定要留在家裡幫忙。從一年級到六年級，我幾乎沒讀什麼書，一直到念三光國中，才有稍微讀一點書。

不過國中時，家裡開始栽種洋菇，我每天都得在凌晨三點就起床幫忙削洋菇，忙到差不多六點時，回家煮早餐，再送去給爸爸媽媽吃，都弄完了才可以去上學，所以常常是邊跑邊穿裙子去趕搭校車。那時候最難過的就是過年，因為過年時也要採收洋菇，大家都去過年了，我們卻沒得過，那段日子雖然苦，但也可以說是忙碌得很充實，艱困的成長過程，讓我把吃苦當成吃補，也造就了我「耐磨不服輸」的個性。

出車禍就為了幫媽媽載茶

爸爸常年在山上砍柴、住在山上的工寮，不常在家；晚上在山上無聊，工人們就會聚在一起小賭，所以他賺的錢沒有我的叔叔伯伯多，因為這樣，我阿嬤沒有多餘的錢給媽媽，連帶地我媽媽也就更加辛苦。

媽媽對我的影響很大。她是一個很有智慧又認命的女人，再怎麼苦，她也從來不抱怨。我從小就很體諒媽媽的辛苦，一心只想幫她分擔工作，所以我去學做很多事情的出發點，都是因為心疼她，捨不得她那麼累又吃不飽。比方說我很會幫忙挑鳳梨，國一就可以挑八十斤，一挑起來就像是用飛的，一股作氣一直衝到終點才停，因為怕中間一休息就再也挑不起來。所以村裡的人都想幫我提親，就是看中我很會做事又很耐操。

國小畢業時，我開始偷騎伯伯的野狼１２５，就是想用機車幫媽媽載茶葉，採下來的茶得要揹回家裡曬，免得媽媽揹那麼重的茶，還要走那麼久的山路。剛開始不太會騎，常常是一發動就一檔衝到家。後來還出車禍，因為下山剛好遇到一台卡車，只好衝到旁邊的竹林，把門牙都跌斷了，雙腿也都被竹子插傷，滿是傷疤，到現在都不能穿裙子。當時母女相依為命的種種情景，彷彿都還歷歷在目。

白玉米的甜蜜滋味

印象中最深刻的，是有一次我們母女倆在颱風天去叫賣玉米。因為颱風要來了，媽媽得去田裡搶收玉米，而且還得趁玉米還新鮮時，趕快去鄰村把它們賣出去。我們好不容易採收完玉米，媽媽用一根扁擔擔著沉甸甸的玉米，我跟在後面，一起走到鄰村去叫賣。

眼看風雨愈來愈大，走在後面的我，奇怪媽媽的扁擔怎麼愈來愈彎，才發現原來是雨水滲進了籮筐，加上雨水的重量，使得本來就不輕的玉米愈發沉重。因為颱風已經開始發威，鄰村的店家跟攤子也都收起來了，空蕩蕩的沒有人在外面，又因為風雨聲太大，根本沒有人聽得見我們的叫賣聲；於是我拉著媽媽說，回家吧，風雨這麼大，沒有人要出來買玉米了，可是媽媽不死心，她說再試試看。

後來我們走到一座四合院，拍打其中一間的大門，終於有一位中年婦女出來，看到我們居然風雨這麼大還在賣玉米，她當下就買了一大半，然後又幫忙去把各間的婆婆媽媽們都叫出來買；於是玉米當下就賣出了三分之二。剩下三分之一，媽媽說還想去別處賣賣看，於是我們又叫賣了一會兒，也有再賣出一些，但是沒有賣完。等到我們終於要離開時，風雨已經相當的猛烈，甚至路邊的山溝都已漲成小溪流，媽媽用扁擔拉著我才能渡過。

千辛萬苦的回到家，沒想到一打開米缸的蓋子，米缸是空的；於是媽媽就把剩下的玉米煮給我吃，那個白玉米的滋味之甜美，使我永難忘懷！我吃了一根又一根。所以直到現在，只要我看到路邊在賣白玉米，就一定要停下來買，它是我永遠無法抵擋的甜蜜回憶。

台版的「一碗陽春麵」

之前日本有一個感動人心的「一碗湯麵」故事，後來這樣的故事也發生在台灣一個窮困的家庭中，讓無數人動容、落淚。當我看到這篇報導時，才恍然大悟，原來當初我們家也上演過類似的情節。

每年農曆的三月十九日佛祖誕辰，是我跟弟弟最期待的一天，因為這天阿嬤會給媽媽錢，帶我們三個小孩去南投市區拜拜，剛好足夠付來回車資跟一碗陽春麵，所以我們每個人都可以吃到一碗陽春麵。那時候，媽媽總是說她不餓，因此她都沒吃麵只喝湯，而把她的那碗麵分給我們三個孩子吃；而我們也都傻傻的，以為媽媽真的不餓。

其實是因為阿嬤給的錢，剛剛好只夠付每個人吃一碗麵，媽媽為了讓我們小孩多吃幾口，所以她一口麵也不吃，都留給我們，只是當時我們都不瞭解媽媽的苦心，也就興高采烈的把熱騰騰的麵條吃個精光，讓她只喝到幾口湯。等到我自己也為人母後，才深深體會到母愛之所以偉大，是因為做母親的早已把為小孩犧牲，視為是理所當然。

上了一天的高中就被捉回家

國中畢業，參加了學校的建教合作，到桃園的RCA電子公司，白天上班、晚上讀書，就這樣半工半讀考上了桃園育達商職的夜校。可是我只去了第一天的開學，就被阿嬤找到；阿嬤說，我上班賺的錢只夠自己讀書，沒辦法幫家裡賺錢，而且女孩子不用讀什麼書，以後都是要嫁人、讀得再好都是別人的，所以就被帶回南投家裡了。

阿嬤非常有威嚴，在村子裡極受敬重，大家都稱呼她「國母」，如果村子裡發生什麼爭端需要調解，都來請她出面仲裁、排解。所以在家裡，她說的話就是聖旨，沒有人可以違抗，我也只好乖乖地跟著她回家。阿嬤在自家門口開了一間雜貨店，要我賣菜兼顧店，同時一大早要去洋菇寮送檳榔；因為洋菇得從晚上一直採到天亮，採收的工人都要吃檳榔，所以我也會採菁仔包檳榔，什麼都會。就這樣做了兩年，到我十八歲的時候，有地主的兒子看上我，阿嬤就打算把我嫁掉。

原本我也傻傻的，以為嫁個有很多很多土地的地主很好。直到那天晚上，媽媽跟我說了句話：「如果你這樣嫁了，一輩子就是跟我一樣。」跟她一樣一輩子都得這樣操勞，而且會更辛苦，因為他土地很多。她問我：「你願意嗎？」我說我不要。於是媽媽說，你不要的話，就去台北找你舅舅吧；她給我帶上兩百元，讓我去台北的士林找舅舅。她送我到車站時講的話我仍銘記在心：「什麼事都要學，只有一件事不能學，就是死。死不能解決事情，凡事都有解決的方法。」她也是很擔心我吃不了這個苦，怕我撐不下去想不開。

就這樣我帶著兩百元，坐火車到台北，到了台北車站下車，再問人家士林的後港里怎麼去，總算平安地找到舅舅家。第二天，舅媽就介紹我到一家成衣工廠工作；因為當時不敢馬上回家，怕阿嬤罵，也怕又被抓回去，直到過了三個月，我才回家報平安。當時媽媽瞞著阿嬤偷偷叫我走，家裡又沒有電話，打電話要到村長家，因為媽媽不識字，也沒法寫信，所以我也都沒有給家裡任何消息，就好像丟了一樣。媽媽很擔心，不知道我是否平安，但是也沒辦法聯絡，只能假設我已經平安到達。等我終於回家時，爸爸媽媽都抱著我一直哭一直哭，喜極而泣。

為了賺錢什麼都做的女工

阿嬤問我為什麼不回家，我說我不要嫁人，我要工作、要賺很多錢；阿嬤就說：「好，如果可以每個月寄兩萬塊回來，我就不逼妳嫁人。」為了不嫁人，我答應她每個月寄兩萬元回家，於是我開始拚命工作，兩萬元在當時，是一筆很大很大的數目，一個國中畢業的採茶姑娘一個月要賺到那麼多錢，談何容易，所以我幾乎是每分每秒都不停地在工作。

在成衣工廠中，別人中午吃飽後都在休息，而我卻一放下碗筷就去工作；別人不要車的衣服，都丟在我桌上，由於那時是論件計酬，所以我都接下來做。又因為整個工廠都是客家人，只有我一個是閩南人，所以大家說什麼我也聽不懂，連聊天的時間都省下來了。雖然在工廠做了好幾年，但我卻是孤單的，因為我眼中只有工作，沒有時間交朋友，幾年下來，居然連一個朋友都沒有。

最拚的時候，我曾一個人接三份工作：一大早四點半起來，幫老闆洗三個家庭的衣物，洗到八點再去成衣工廠工作，晚上再去耳鼻喉科當小護士兼清潔工。一直都是吃工廠、住工廠，從來沒有在外面吃過飯，也從來沒有為自己買過一件衣服，拚命加班，每分錢都攢下來，就是為了每個月可以寄兩萬元回家給阿嬤。

雖然當時的日子過得並不輕鬆，但是我的目標很單純，就是要賺錢寄回家，所以算是有苦有得。真正的苦，是我到了成衣工廠的第三年，因為堅持把小弟接到台北來念書，就開始了我的噩夢。一方面要寄錢回家，同時還要負擔小弟的學費、生活費，當時我的處境只能用四個字來形容：「火力全開」。我拚命加班、兼職、找工作，不管是臨時工還是長短期的工作，只要有時間我就接。就這樣負擔小弟念了三年的高中。

一方面，做大姐的我寵小弟，對他有求必應。比方萊禮的腳踏車，當時一台就要五千元，我還是省吃儉用、毫不猶豫地買給他，就是為了讓他可以騎車去上學，誰知他居然一個月內丟了兩台。為了省錢，我從來沒有吃過零食；就連去耳鼻喉科上班必經的士林夜市，我也從來沒進去逛過、花過一分錢；每天從早上五點起床去工作，到半夜一點才回到家，睡不到幾個小時，只有星期天可以休息補眠，因為工廠兩個星期休息一次，耳鼻喉科在星期天只有上午看診。記得當時過年回老家，我媽媽也會問我：「你怎麼都不買衣服？都只穿這一件？」其實都是為了省錢。一直到小弟畢業，我安排他去念憲兵學校，才結束了這一段苦不堪言、蠟燭兩頭燒，而且省到最高點的日子。

吃苦當吃補，耐磨不服輸

一直到結婚，我都過得很苦，但那是一種充實的苦。而且小時候，說真的我也不知道那個叫苦，因為只顧著做自己的工作，只顧著每個月固定要寄錢回家，沒有中斷；所以沒有時間跟工廠的同事互動，也不知道別人的日子是怎麼過的，我還以為大家都跟我一樣！

另一方面，我身為家中的大姐，覺得自己沒有機會念高中、大學，所以一定要讓弟弟有機會讀書。小時候阿嬤給我們灌輸的觀念就是，男生一定要讀書才會有出息；所以在我的心目中，讀書是一件很偉大的事情，但是因為爸爸媽媽也沒有多餘的錢供弟弟們念書，於是我堅持要他來台北就讀。本來弟弟想要去念士官學校，但我考慮到他萬一念不下去，到時還得賠償食宿的費用，爸媽一定沒有能力負擔。所以我要他來台北讀高中，之後再去讀憲兵學校；因為當時男生服兵役要三年，憲兵學校也不過讀三年半，還可以一邊領相當優渥的薪水。

於是等到小弟一畢業，我不用再負擔他的花費後，就辭去了許多兼職，只有單純在成衣廠工作，賺的錢也還夠每個月寄錢回家，終於可以不必像拚命三郎般地工作。後來跟我老公交往，就決定結婚，那時二十二歲。老公原本在舅舅那邊工作，而我工作的成衣廠，就在他們隔壁，所以兩人很早就認識，幾乎是我一來台北就認識他了；因為每天都會看到對方，雖然沒有交往，仍有著一份親切感。加上舅舅也常常稱讚他孝順父母，我想孝順父母的男人不會變壞，所以我們只有一起去看過兩次電影，他就跟我舅舅說想娶我；因為我老公從國中畢業後就在舅舅那邊當了七、八年的水電師傅，舅舅覺得他的人品各方面都很不錯，於是我們很快就訂婚了。

嫁美厝不如嫁好尪

訂婚之後，我才第一次去到老公位於高雄六龜的老家，剛去時簡直愣住了，竟是一間茅草屋！房子的牆壁是用竹子編成的，屋頂用鉛片覆蓋著，上面再鋪上稻草，總共只有兩個房間，一間是公公跟我老公睡，一間讓我跟婆婆、兩個小姑睡，中間是客廳，後面是廚房。床則是用竹竿排成，然後上面放張木板，鋪上了一床舊棉被。所以我在他們家睡覺時，都不敢翻身，因為一翻身，竹子就會發出很大的聲響，怕會吵醒旁邊的小姑跟婆婆。

最恐怖的是，婆婆竟然跟我說，晚上如果看到蛇不用怕，因為蚊帳是軟的，牠不會鑽進來，只會盤在蚊帳上面。但我快被嚇死了，哪敢睡啊？一整夜都不敢闔眼，就怕有蛇鑽進來。還有他們家的廁所，也是在房子外面隔得很遠，我也是一整晚想尿尿又不敢出門，一直撐到清晨五點多，婆婆起來煮早餐，才帶我去尿尿。我家雖然也是在南投山上，但至少是間磚房，我從來不知道還有人住在這種房子裡！

回到南投後，我跟我阿嬤說：「我不要嫁了，我被他們家嚇死了。」這時我阿嬤就說，都訂婚了怎麼可以不嫁？然後她跟我說了一段很有智慧的話：「你是嫁人還是嫁厝？人如果會長智，嫁人不怕厝醜，厝可以重起，好的人難找。」

就這樣，我們還是結婚了。我把結婚時媽媽給我的三十六萬嫁妝加上婚宴時收的禮金，共約四十萬，全部給了公公，讓他回六龜去蓋了三間房子。

家庭代工的超級「機器手」

沒想到，結婚後的第一週，我就吵著要離婚！因為突然太過空閒，我不知道要做什麼。老公在我們訂婚後，就在北投開了一間水電行，我嫁過去後就幫他看店；一方面因為那是我不熟悉的行業，一方面我忙碌慣了，突然間坐在店裡面，不知道要做什麼。然後，還要煮飯給四個員工吃，每天要煮那麼多飯菜我又不會，還好那時已有電話，我還打電話回去搬救兵，問媽媽先放油還是先放鹽。

那時很難過，因為太閒而不習慣，為什麼自己選擇這樣的婚姻。我覺得自己要有份工作做才行，後來白天在看店，晚上就回去耳鼻喉科兼差將近一年的時間；因為我的個性就是要自食其力、要自己賺錢，所以當我成了家庭主婦、得跟老公伸手要生活費時，實在開不了口，即使是老公給的錢，都會覺得，那又不是我賺的！

結婚第二年，我懷孕了。生了老大之後，覺得帶孩子總算有了生活重心。在這段期間內，水電行的生意也蒸蒸日上，讓我們相當忙碌。老公本來只有做水電工作，就是人家有打電話來叫，就去幫忙修理水電；後來是因為感覺這樣的收入並不穩定，又看到裝修冷氣似乎是未來的趨勢，於是白天照常做水電工作，晚上就去當冷氣的學徒，一直學到出師了，我們就開始接窗型冷氣機的保養。可是把冷氣拆回來後，除了電焊仍由老公負責，其他後續的保養工作，全都落在我身上，我得負責洗冷氣、油漆、防鏽等，連懷孕時挺個大肚子，還是照做不誤。

記得生老大時，當天下午生產，晚上回到家，隔天又開始看店，連月子都沒有做。剛好那時是夏天，冷氣還沒那麼普遍，電風扇一天可以賣到二十幾台；我就幫忙從最後面的倉庫，把電風扇搬到最前面的店面。因為剛生產，用力過猛，整個子宮就掉下來，整天都沒辦法尿尿，肚子又脹又痛。到了晚上，去看婦產科，醫生說要開刀，我說不行，因為要顧小孩又要看店，沒辦法去開刀。醫生就說，那唯一的方法就是把我的腳吊起來睡。於是我白天照常工作，晚上就把雙腳綁在天花板上吊起來，只用肩膀著地，睡了一個月，所以我的子宮後屈得很嚴重，後來能懷第二、第三胎，連醫生都覺得不可思議。

老二、老三出生後，我雖然已經是三個小孩的媽，但是小孩可能是體諒我這個做媽的辛勞，每天吃飽睡、睡飽吃、從來不哭鬧，非常好帶。老大六個月大時，還被鄰居誤以為是聾啞，因為從來沒聽過他哭；為了證明他不是啞巴和聾子，我老公居然用針刺他，終於「哇~~」哭很大聲，我們高興地抱在一起說：「不是啞巴！不是啞巴！」三個小孩都很好帶，所以當孩子睡著時，我還是覺得太閒受不了、渾身不對勁，所以又去接了家庭手工回來做，可說是名符其實的勞碌命。

家庭即工廠，我把各種家庭代工都拿回家做，剛開始是做電子零件的加工，織毛線、縫鈕扣我也都做，一直做到三年後買了房子。換了房子之後，仍舊沒有閒下來享福，而是開始做蜜餞手工。包蜜餞讓我每個月有兩萬多元的穩定收入，包裝時的超快速度也讓我多了一個「機器手」的封號。就這樣，我的家庭代工從沒停下來過，我的生活就是帶孩子、看店、做手工，就這樣過了十七年，直到工廠搬家、進入壽險公司工作，才改變了我的一生。

被電視新聞嚇到開始買保險

雖然這麼忙碌，我的家庭代工從來沒有中斷，只要一有空，「機器手」仍然毫不停歇，雖然那時候代工賺得不多，但是每個月也還夠補貼小孩的尿布跟奶粉錢。我接家庭代工賺錢，一方面是因為本身就屬於那種閒不住的人，一方面也是因為從結婚的第二年開始，我就跟老公說，我們家一定要保險，所以代工賺來的錢，也都拿去付了保險費。

我為什麼會開始覺得保險非常重要，是因為結婚後，我每天在家都會看到電視新聞，報導各式各樣的意外發生，許多家庭因此而破碎；我開始覺得好害怕，如果發生意外的話，我想自己一定沒有能力去負擔一個家庭。而且身為獨子的老公，他的家境也不富裕，若是我看到的那些意外與不幸，真的降臨在我們身上時，該怎麼辦？我愈想愈害怕。

當時並沒有人賣我保險，而是我從電視上看到，發生意外時保險可以理賠多少錢等等，我認為保險既然可以理賠，就可以救命，買保險一定沒有錯。可是為了買保險，差點鬧出家庭革命。因為我想說服公公婆婆買保險，婆婆卻差點把我趕出去！她想說，一個媳婦怎麼會娶進來沒多久，就一直要叫他們買保險，是不是在詛咒他們!?老人家的觀念認為，保險是死了才有錢領，不知道有意外和醫療的理賠，所以還罵我是因為要賺他們的錢，才叫他們買保險！

為了怕被公婆誤會，我也就絕口不提了。可是天有不測風雲，悲劇就真的發生；沒隔幾年，公公得了重症肌無力加上癌症，前後開了三次刀，當時沒有健保，醫療費用簡直就像天文數字，我把金子、嫁妝全部賣掉，還得到處去借錢。婆婆這才醒悟到保險的重要。就在公公確認罹患癌症的那一天，婆婆抓著我的手跟我說：「趕快帶我去買保險！」於是我趕快帶著她去體檢、買保險。

之後的六年，公公在榮總開了三次刀，加上每天都要換血，到最後兩個月，一天甚至要換到十四袋的血，前前後後的醫療費用、開刀保證金加起來，花了將近五百萬元。我只好到處跟親朋好友借錢，嚐遍人情冷暖、被拒在門外以及被冷嘲熱諷的滋味，也因此深深地體會到，保險真的可以救一個人。所以那時不管自己是否負擔得起，我執意要幫老公跟自己買保險，前前後後一共買了十七張保單，包括老公的、兒子的、我的、我婆婆的，每個人幾乎都有兩、三張保單，有醫療險、防癌險、意外險等等，甚至連老公的那些工人，也都買了意外險。

就這樣，搬家之後我做蜜餞代工的穩定收入，每個月的兩萬多元，幾乎全都拿去繳保險費！我想說只要代工多賺一點，就可以多繳一張保單，所以每張保單都月繳；如果這個月可以多擠出兩千元，我就想盡辦法，多買一張保單也好；感覺上保單買的愈多，我就愈加安心，也由此開始了我的事業！

【後記】

掌聲響起來，我心更明白

我希望可以過來人的身分，藉由自己的經驗談去激勵那些想去嘗試卻又缺乏勇氣、怕被拒絕的中年失業婦女。被拒絕，其實是應該的；沒有人理當無條件的接受、支持我們。只有當我們能夠先接納自己、展現自信時，別人才有可能會接納我們、給我們機會。

自信從何而來？我會建議你要從內心去認識自己、瞭解自己，知道自己有多少能耐、自己想要什麼，這真的很重要。拿我的例子來說，當時踏入保險業時已三十九歲，沒有學歷、沒有背景，只是一個煮飯、帶小孩的家庭主婦，我如何讓自己踏出那不一樣的第一步？我也不是一開始就想做保險。只是當我把自己「會」做的事寫下來，「想」做的事也寫下來時，看著那張紙，告訴自己如果不想再做那些過去十幾年中會做的事，就要努力去找出自己想要的是什麼，找到那個目標，朝著目標走下去，努力把「會」做的跟「想」做的事落差拉近，並畫上等號。

在這個實現夢想的過程中，我從來不以為苦。不管客戶給我的是壓力還是責難，我都認為他們是在給我機會改變、教育我自己，讓我不斷的學習。所以我從沒有跟家人訴過苦，我的孩子們看到的都是媽媽樂觀快樂的一面，老公也是一直到《商業周刊》報導後，才知道原來我在捷運上開發客戶的過程。不跟家人訴苦，一方面是怕他們會捨不得、會有壓力，更重要的是，這是我自己想要的，怎麼會覺得辛苦？

所以，我常常以自己的經歷鼓勵跟我當年一樣處境的婦女，希望給予她們勇氣，走出自己人生不一樣的第一步。但是我也會告訴她們，外在的激勵，最多只能維持七天的「賞味期」；過了之後，還是要靠自己給予的內在激勵，才能夠持久。有時候別人會激勵你、給你定一個目標，但你不一定能達到，也不一定適合你；因為他們不是你，不瞭解你的能力到哪裡。唯有你自己設定目標，才是最真實、最有可能實現的；當你知道自己的目標是可行時，就會產生真正激勵自己往前的動力。因為真正的激勵，必須來自於我們內心的那股欲望，才會持久，也才會堅持到底。當別人的掌聲為你響起時，別忘了告訴自己，真正的掌聲來自於你自己！

The Eurasian Publishing Group
圓神出版事業機構
用心與你對話．網野無限寬廣
如何出版社
Solutions Publishing

http://www.booklife.com.tw　inquiries@mail.eurasian.com.tw

Happy Learning 117

坐捷運都能成交！——沒學歷、沒背景、沒人脈的業績女王

作　　者／陳秀苗
文字整理／林資香
發 行 人／簡志忠
出 版 者／如何出版社有限公司
地　　址／台北市南京東路四段50號6樓之1
電　　話／（02）2579-6600．2579-8800．2570-3939
傳　　真／（02）2579-0338．2577-3220．2570-3636
郵撥帳號／ 19423086　如何出版社有限公司
總 編 輯／陳秋月
主　　編／林振宏
責任編輯／林振宏
專案企畫／吳靜怡
美術編輯／劉嘉慧
行銷企畫／吳幸芳．簡琳
印務統籌／林永潔
監　　印／高榮祥
校　　對／尉遲佩文．林振宏
排　　版／莊寶鈴
經 銷 商／叩應股份有限公司
法律顧問／圓神出版事業機構法律顧問　蕭雄淋律師
印　　刷／祥峯印刷廠
2012年6月　初版

定價 240 元　ISBN 978-986-136-322-6

版權所有．翻印必究

◎本書如有缺頁、破損、裝訂錯誤，請寄回本公司調換

Printed in Taiwan

我以過來人的身份，藉由自己的經驗談去激勵那些想去嘗試卻又缺乏勇氣、怕被拒絕的中年失業婦女。

被拒絕，其實是應該的；沒有人理當無條件的接受、支持我們。只有當我們能夠先接納自己、展現自信時，別人才有可能會接納我們、給我們機會。

——陳秀苗

想擁有圓神、方智、先覺、究竟、如何、寂寞的閱讀魔力：

- 請至鄰近各大書店洽詢選購。
- 圓神書活網，24小時訂購服務
  免費加入會員．享有優惠折扣：www.booklife.com.tw
- 郵政劃撥訂購：
  服務專線：02-25798800　讀者服務部
  郵撥帳號及戶名：19423086　如何出版社有限公司

國家圖書館出版品預行編目資料

坐捷運都能成交！：沒學歷、沒背景、沒人脈的業績女王 / 陳秀苗著.
-- 初版. -- 臺北市：如何, 2012.06
168 面；14.8×20.8公分 --（Happy learning ; 117）

ISBN 978-986-136-322-6（平裝）
1. 保險行銷 2.職場成功法
563.7　　101007035